DRC

国务院发展研究中心 研究丛书2015

Development Research Center of the State Council

丛书主编 ■ 李 伟

国家(政府)资产负债表问题研究

余 斌 主编

魏加宁 张维宁 副主编

A STUDY OF NATIONAL (GOVERNMENT) BALANCE SHEET

中国发展出版社

CHINA DEVELOPMENT PRESS

图书在版编目（CIP）数据

国家（政府）资产负债表问题研究/余斌主编；魏加宁，张维宁副主编. —北京：中国发展出版社，2015. 8

（国务院发展研究中心研究丛书 . 2015 / 李伟主编）

ISBN 978 - 7 - 5177 - 0361 - 7

I. ①国… II. ①余… ②魏… ③张… III. ①资金平衡表—研究—中国 IV. ①F231. 1

中国版本图书馆 CIP 数据核字（2015）第 169224 号

书　　名：国家（政府）资产负债表问题研究
主　　编：余　斌
副 主 编：魏加宁　张维宁
出版发行：中国发展出版社
（北京市西城区百万庄大街 16 号 8 层　100037）
标准书号：ISBN 978 - 7 - 5177 - 0361 - 7
经 销 者：各地新华书店
印 刷 者：北京科信印刷有限公司
开　　本：710mm × 1000mm　1/16
印　　张：15
字　　数：180 千字
版　　次：2015 年 8 月第 1 版
印　　次：2015 年 8 月第 1 次印刷
定　　价：38. 00 元
联系电话：（010）68990642　68990692
购书热线：（010）68990682　68990686
网络订购：http：//zgfzcbs. tmall. com//
网购电话：（010）68990639　88333349
本社网址：http：//www. develpress. com. cn
电子邮件：fazhanreader@ 163. com

“国家（政府）资产负债表问题研究”
课题组

负责人

余　斌	国务院发展研究中心宏观部部长	研究员

协调人

魏加宁	国务院发展研究中心宏观部	研究员

联系人

王莹莹	国务院发展研究中心宏观部	助理研究员

其他成员

张维宁	长江商学院	副教授
刘锡良	西南财经大学中国金融研究中心教授	博士生导师
董青马	西南财经大学中国金融研究中心	副主任、副教授
张俊伟	国务院发展研究中心宏观部	研究员
戴　慧	国务院发展研究中心宏观部	副研究员
贾　涛	国务院发展研究中心办公厅	副研究员
江　宇	国务院发展研究中心宏观部	副研究员
高宇宁	清华大学国情研究院	助理教授
宁　静	中央财经大学	助理研究员
缪慧星	广西大学商学院	博士研究生
陈　宇	中央财经大学	讲师
甘顺利	湖南师范大学	讲师
孙娟娟	中国华融资产管理股份有限公司	博士后
陈保同	招商局集团有限公司	博士后
桑雪琪	中国农业银行国际金融部	博士研究生
杨　坤	西南财经大学	博士研究生
谭　聪	中国人民大学	博士研究生
张　洋	中国人民大学	博士研究生
赵伟欣	中国人民大学	博士研究生

总 序

推进高端智库建设　引领中国经济新常态

国务院发展研究中心主任、研究员 李伟

去年，中央提出我国经济发展进入“新常态”的重要判断。认识新常态，适应新常态，引领新常态，成为当前和今后一个时期我国经济发展的大逻辑。

一年来，面对错综复杂的国际国内环境，在经济下行压力加大、经济发展结构性矛盾凸显的形势下，党中央、国务院带领全国各族人民和干部群众，全面贯彻党的十八大和十八届三中、四中全会以及中央经济工作会议精神，坚持稳中求进的工作总基调，加强和创新宏观调控，深入推进改革开放，力求实现稳增长、促改革、调结构、惠民生、防风险的综合平衡。同时，重点推进“一带一路”、京津冀协同发展、长江经济带重大发展战略，大力推进“中国制造2025”的工业强国战略和“互联网+”行动计划，鼓励和促进“大众创业、万众创新”。这些战略部署和政策措施取得了积极成效，在一定程度上对冲了经济下行压力。从今年上半年各项经济指标看，经济增长与预期目标相符，结构调整继续推进，农业形势持续向好，发展活力有所增强。同时，经济下行压力依然较大，一些企业经营困难，经济增长新动力不足和旧动力减弱的结构性矛盾依然突出，需要我们继续保持战略定力，持之以恒地推动经济结构战略性调整；

同时加强危机应对和风险管控，及时发现和果断处理可能发生的各类矛盾和风险。

一年多来，国务院发展研究中心对我国经济进入新常态问题进行了深入研究。我们认为，新常态是我国经济运行度过增速换挡期、转入中高速增长后的一种阶段性特征。我国经济发展进入新常态，符合后发追赶型国家经济发展的一般规律，是后发优势的内涵与强度、技术进步模式发生变化后的必然结果，其实质是追赶进程迈向更高水平的新阶段。

新常态下的经济发展，增长速度已经不是核心问题，关键是要提质增效。只有做好认识新常态、适应新常态、引领新常态的大文章，才能实现我国经济向形态更高级、分工更复杂、结构更合理的阶段转换。而实现这一阶段转换的重要标志，一是经济体制改革的阶段性任务基本完成，二是结构调整及发展方式转变取得实质性进展，三是新的经济增长动力基本形成。如果不能完成这样的转换，我们的“两个一百年”目标将很难实现，也难以跨越类似一些拉美国家曾经遭遇的“中等收入陷阱”。

新常态下，风险、挑战与机遇并存。一方面，我们要看到，过去30多年中国经济在快速增长的同时，也积累了不少风险。在经济快速增长时期这些风险往往被掩盖，一旦速度降低后可能会逐渐暴露出来。制造业严重的产能过剩问题，面临资产重组和结构调整，不可避免地会引发产业更替、企业劣汰、员工转岗。在地方政府性债务、影子银行、房地产、企业互联互保等方面都潜伏着不少风险，“高杠杆、泡沫化”，最终都会向财政金融领域聚积。同时，当经济达到中等收入水平之后，不仅经济问题会更加复杂，政治、社会问题也会更加突出。人们的温饱问题基本解决之后，就会对公平、正义提出更高的要求，相应的政治诉求也会不断提升，过去长期存在的贫富差距问题、腐败问题、环境问题、食品安全问题、社会信用缺失问题等，都有可能成为引发社会动荡的诱因。一旦社会稳定不能得到有效维持，追赶进程就会被迫放缓甚至中断。

在看到风险与挑战的同时，我们更应重视新常态下蕴藏着的新机遇。经济发展进入新常态，没有改变我国发展仍处于可以大有作为的重要战略机遇期的判断，改变的是重要战略机遇期的内涵和条件；没有改变我国经济发展总体向好的基本面，改变的是经济发展方式和经济结构。经济结构调整难免阵痛，但调整成功了就会提升资产质量，提升产业结构，并创造新的工作岗位和更大的价值。虽然一些传统产业需求饱和了，面临转产调整，但一些新兴技术、新的业态和新的需求正在涌现，供给创造需求的空间十分巨大。虽然国际市场对我国传统出口商品的需求增长放缓了，但我们利用装备能力、产业配套能力和资本输出等优势，在新一轮国际分工中，迎来向产业链中高端迈进的历史机遇。保护环境、治理污染表面看会增加成本，但提供需求快速增长的生态产品，走低碳、绿色发展道路，环保技术、新能源等领域则会带来新的增长动力。

总之，中国经济发展所处的新常态，既是由过去时发展而来的现在时，更是蕴含着巨大变革和创新活力，迈向历史发展新阶段的未来时。在这个演化过程中，认识新常态很重要，适应新常态也很重要，但更重要的是引领新常态，推动中国经济发展迈上新台阶。作为直接为党中央、国务院重大决策提供研究咨询服务的智库机构，国务院发展研究中心应该、也有信心能够对此发挥重要而独特的作用。

当前，国务院发展研究中心自身的建设与发展正在迎来一个新的历史机遇期。继2013年4月和2014年1月习近平总书记两次对国务院发展研究中心有关智库建设工作的报告作出重要批示之后，今年1月中办、国办公布的《关于加强中国特色新型智库建设的意见》将中心列为第一批国家高端智库建设试点单位，同时又列为负责联系协调智库的党政所属政策研究机构。我们深感使命光荣、责任重大、前景广阔。

在这样的背景下，“国务院发展研究中心研究丛书”连续第六年与读者见面了。今年的中心研究丛书包括19部著作，集中反映了过去一年多中心的优秀研究成果。其中，《信息化促进中国经济转型升级》全面、深入地研究了新一代信息技术正在对产业结构产生的深刻影响，分析了信息化推动中国经济转型升级的有利条件与挑战，并提出了实施信息化推动经济转型升级的“2+2”战略及政策建议，有助于人们理解和落实2015年政府工作报告提出的“互联网+”和“中国制造2025”战略；《国家（政府）资产负债表问题研究》《支撑未来中国经济增长的新战略性区域研究》等10部著作，是国务院发展研究中心各研究部（所）的重点研究课题报告；还有8部著作是优秀招标研究课题报告。

不久前，国务院发展研究中心刚刚度过了35岁生日，正从“而立”走向“不惑”。根据我们已经上报中央的国家高端智库建设试点方案，中心将实施“政策研究与决策支持创新工程”，推进研究提质、人才创优、国际拓展、保障升级四大计划。我们真诚地欢迎读者朋友们对这套丛书不吝批评、指正，提出宝贵的意见和建议；并热切地期待在今后的工作中继续得到社会各界的关心、支持与帮助，使我们在建设国际一流的中国特色新型智库、服务于改革开放和经济社会发展、推动国家治理现代化的道路上不断进步，为国家、为社会作出更大的贡献。

2015年8月1日

序言
Foreword

一

2012年中国国家（政府）资产负债表的相关研究引起了广泛关注，5月，中央财经领导小组办公室交办要对此课题进行深入研究。随后，由国务院发展研究中心宏观部部长余斌任总负责人，同时组织了国务院发展研究中心、中国人民大学、西南财经大学和长江商学院的数十名专家学者，搜集了大量资料，对国家（政府）资产负债表进行了深入的研究。期间，课题组还同国内外专家学者就国家（政府）资产负债表问题进行了多次深入交流。

2012年8月邀请了时任德意志银行大中华区首席经济学家的马骏博士（现任央行研究局首席经济学家）为我们介绍其在编制国家资产负债表过程中所遇到的困难及获得的宝贵经验。

2012年9月邀请了国家统计局的有关专家，对统计部门编制国家资产负债表的具体做法以及遇到的困难进行了深入探讨。

2013年4月邀请了国际货币基金组织（IMF）的专家就政府编制资产负债表、地方政府债务及财政风险等问题进行了深入交流。

2014年10月课题组专门赴日本学习政府资产负债表的编制，同日本财务省的官员和学者进行了深入交谈，并得到了大量第一手资料。

2014年11月课题组赴美国考察，同美联储官员就美国国家资产负债表的编制问题进行了交流，并赶赴加州橙县就地方政府资产负债表编制及政府破产等问题进行了深入调研。

在交流讨论过程中，国内外专家提出了许多宝贵的意见，开拓了我们的思路，同时也为本课题的研究提出了更高的要求。

二

近年来，随着国际金融危机和欧洲债务危机的先后爆发，世界各国政府和经济学家越来越意识到编制和分析国家（政府）资产负债表的重要性。国家（政府）资产负债表中资产、负债及其动态平衡关系，能够帮助我们理解金融危机和债务危机背后的成因、本质，并由此提出防范和解决经济金融危机的方案。同时，国家（政府）资产负债表能让政府了解“家底”，对全面统筹安排资源，制定宏观政策，防范危机，保持经济快速稳定增长具有重要的参考价值。目前主要发达国家都已编制国家（政府）资产负债表，并对其进行了一系列深入研究。

中共中央十八届三中全会《关于全面深化改革若干重大问题的决定》指出，“加快建立国家统一的经济核算制度，编制全国和地方资产负债表”；“探索编制自然资源资产负债表，对领导干部实行自然资源资产离任审计。”目前我国国家（政府）资产负债表的编制尚处于探索阶段，对一些难点问题还需要进一步研究。

国务院发展研究中心曾在20世纪80年代参与了我国统计体系由物质产品平衡表体系（System of Material Product Balance，MPS）向国民经济核算体系（System of National Accounts，SNA）转变这一重要过程，之后又参与了我国投入产出表的编制工作。这两项工作均对我国社会主义建设及经济的平稳发展具有十分重要的意义。而当前国家（政府）资产负债表编制工作的重要性不亚于之前的这两项工作。马骏等（2012）认为，国家和政府资产负债表能够预测国家所面临的中长期风险；对存量的估算可以在政府债务可持续性分析时显示目前决策的未来成本；可以帮助量化养老金、医疗支出、地方平台、环境保护等风险；帮助了解改革的成本以及消除不必要的顾虑。除此之外，我们认为国家（政府）资产负债表的意义和作用还在于以下几点。

第一，摸清政府“家底”。编制政府资产负债表能够清楚地了解政府的“家底”到底有多大，从宏观上把握整个国家经济实力的立体全景。具体而言就是，摸清政府共有多少资产，有多少负债，其中资产又包括多少金融资产和非金融资产。只有摸清“家底”，才能够准确分析政府未来面临的债务风险以及抗风险能力。

第二，加强对债务风险的规范管理。编制政府资产负债表的意义还在于监督控制政府的主权债务。政府资产负债表之所以如此倍受关注，与近来发生的主权债务危机有着很大的关系。政府作为独立部门，需要关注如何加强对债务风险的规范管理，以提高政府信用。编制政府资产负债表，对债务进行定期的审计和核查，有利于达到规范举债行为和管理债务风险的目的。

第三，反映政府资产和负债的存量变化。对于一个国家来说，以往通常用消费、投资、出口、税收等流量指标分析和研究宏观经济问题，但此次国际金融危机和欧元区债务危机告诉我们，仅仅依靠流量指标来监控一国的经济状况是远远不够的，在研究分析流量指标的同时，还应当更加注重研究分析存量指标。政府资产负债表就是把一国政府视为类似企业性质的经济实体，把其所有经济活动都“资产负债表化”，以考察某个时点上政府的资产和负债的规模及结构，从而为深入研究经济的可持续发展奠定基础。

第四，识别四类错配风险。资产负债表错配风险可归纳为四类，即期限错配、货币错配、资本结构错配和清偿力风险。传统的以流量指标为主的统计体系无法识别存量中的错配，而国家资产负债表则可以把一国分为不同的经济部门，各部门的资产和负债按照期限（短期和长期）和货币（本币和外币）进行划分，以帮助我们全面评估长期资产和负债水平，形成科学的资产配置策略和更为有效的国家资产管理、负债风险监控体系，以达到防范风险的目的。

第五，识别经济部门之间的传导机制漏洞。部门间风险传导主要有：非金融部门→金融部门的风险传导；非金融部门→一般政府部门的风险传导；金融部门→一般政府部门的风险传导；一般政府部门→金融部门的风险传导；非营利机构部门→政府部门的风险传导等。国家资产负债表分析框架可以帮助确定部门中的脆弱环节以及可能触发整体危机的传导路径，找出经济部门之间的传导机制漏洞。

第六，评估经济危机发生的可能性。艾伦（Mark Allen）等曾利用资产负债表研究一个国家发生金融危机的可能性，认为1997年亚洲金融危机爆发的根本原因就在于亚洲新兴市场国家资产负债表的恶化。辜朝明（2008）提出资产负债表衰退的概念，即经济衰退使企业部门资产大幅度缩水，负债严重超过资产。在这种情况下，企业会把经营目标从“利润最大化”转为“负债最小化”，并停止借贷。借贷方的不足造成了信贷紧缩、流动性停滞等问题，最终引发经济危机。

第七，提高政府财务信息透明度。编制政府资产负债表是政府财务信息公开的重要内容。对管理者而言，要制定科学的公共政策、控制和防范财政风险，需要掌握政府的资产负债信息；对行政监督者、议会（人大）和社会（媒体）而言，要督促政府有效履行职责，提高政府运行绩效，也需要掌握政府的资产负债信息。目前，我国的预算管理制度还不够完备、预算管理粗放，编制政府资产负债表对于改进预算管理、提高资金使用效益、缓解财政收支矛盾、促进经济可持续发展具有重要的意义。

三

本书对世界主要发达国家编制国家（政府）资产负债表的经验进行了认真细致的总结。通过研究我们发现，在G20国家中，发达国家基本上都编制出了或正在编制国家或部门的资产负债表，而发展中国家中几乎没有国家发布完整的国家或部门资产负债表总表。从编制标准来看，国民经济核算体系（SNA）是目前世界各国统一的标准。此外，不同的国际或地区性的组织也曾公布过若干编制标准，其中比较有代表性的如国际货币基金组织（IMF）公布的政府财政统计手册（GFS），欧盟委员会公布的欧洲国民经济账户体系（ESA）以及经济合作与发展组织（OECD）的统计体系。尽管它们在细节方面有所不同，但是总体上都遵循了SNA体系的标准。

从各国实际情况来看，美国经济学家雷蒙德·W·戈德史密斯（Raymond W. Goldsmith）最早开创了国家资产负债表的编制和研究工作，而美国也是最早开始非官方编制国家资产负债表的国家之一，但是美国至今尚无公开的官方版的国家资产负债表，仅有各个部门编制的本部门的资产负债表。澳大利亚、加拿大和英国等国在自然资源和环境资源的消耗及核算方面极具特色。德国没有编制基于市场价值的自然资源核算表，而是把重心放在编制自然资源的物量表上。意大利尽管没有编制完整的国家资产负债表，但是在非金融资产的核算方法方面值得借鉴。总体来看，各国在国家资产负债表的编制方面各具特色，均试图建立起既遵循国际统一标准又符合本国特点的国家资产负债表及其卫星账户，在许多方面都能对我国编制国家（政府）资产负债表给予极大启示。

四

本课题重点关注了国家资产负债表的一个重要组成部分——政府资产负债表的编制。主要有以下三个方面的原因。

第一，国家资产负债表的编制工作是一项极其复杂而又非常严谨的工作，不可能在短期内一蹴而就，即使是在发达国家，国家资产负债表编制也经历了长时期的积累，如日本编制政府部门资产负债表就是在经历了长达12年的探索和研究之后才最终完成了初步的编制工作。因此，盲目而又仓促地编制国家资产负债表，不仅编表的质量无法保证，同时也会误导国家资产负债表的使用者，可能导致其在错误的资料上得出更加错误的结论。

第二，当前我国统计资料的完整性以及统计数据的质量尚无法满足编制国家资产负债表的要求。编制国家资产负债表要求数据要具备一定的时间长度，因为国家资产负债表核算的是存量数据，时间越长越有利于估计起始期的存量数据，同时还要求要有一定的流量数据作支撑，因为流量数据的变化是存量数据变化的基础，没有足够的流量数据就无法解释国家资产负债表的变动情况。而当前我国数据的统计体系尚不够全面，许多重要的统计数据仍然欠缺，如每年地方政府的投融资规模及借债规模等。此外，一些已有的数据，其真实性也值得怀疑，当前的制度安排令各级政府有更改数据的可能。因此，数据基础无法为国家资产负债表的编制提供可靠支撑。

第三，当前我国地方政府的债务问题已经成为威胁国民经济平稳健康发展的主要问题之一。大量的存量债务急需化解，而新型城镇化战略又要求地方政府不断加大基础设施投入，使得地方政府借贷需求更加高涨。截至 2015 年 6 月底，中央财政已经批复 2.6 万亿元地方政府债券来缓解地方政府债务压力，但是 2015 年 4 月江苏省发行的地方政府债券却遭遇冷遇，凸显市场对地方政府债务风险的担忧，其原因之一在于地方政府尚未进行充分的信息披露，无法取得市场的信任。这也再次显示出政府资产负债表是国家资产负债表所有内容中最迫切需要厘清的部分。

在编制政府资产负债表时，课题组在充分总结已有研究成果优缺点的基础上，结合能够得到的数据，对已经编制出的政府资产负债表进行了调整，进而得到我们认为更加合理的政府资产负债表调整表。在我们编辑、修订的2010年政府资产负债表调整表中（包括中央政府、地方政府和社保基金），总资产为50.7万亿元，其中非金融资产23.03万亿元，金融资产为27.67万亿元，总负债为19.7万亿元，净值为31.03万亿元。

编　者

2015年7月

目录

Contents

第一章

资产负债表在经济领域中的应用

1997 年亚洲金融危机、新兴市场货币危机、2008 年国际金融危机以来欧美日等发达国家面临的主权债务危机等系列金融危机的爆发引起了学术界对国家和部门资产负债表的广泛关注。特别是 2008 年国际金融危机以来，与国际资产负债表相对应的国家资产负债表分析方法（Balance Sheet Approach，BSA）得到了学界、政府和国际机构的广泛重视和认可，应用 BSA 和国家部门资产负债表数据展开的研究已经成为研究金融危机的重要流派。

一、资产负债表方法（BSA）的含义与应用

（一）资产负债表方法（BSA）的含义

BSA 最早是由 IMF 的学者[①]根据亚洲金融危机和新兴市场国家货币危机提出的以考察一国宏观经济漏洞为目的的研究方法。

BSA 认为对国家单个经济部门资产负债表和合并的资产负债表的

---

① Mark Allen，Christoph Rosenberg，Christian Keller，Brad Setser，and Nouriel Roubini，"A Balance Sheet Approach to Financial Crisis"，*IMF Working paper*，2002.

分析有助于分析部门间联系，这将为金融结构是否妥当和金融体系是否稳定提供有用的信息，为部门资产负债表风险的缓冲和套期保值提供政策建议，包括对金融机构的有效监管，良好的公共债务和储备管理，发展国内资产市场以分散风险等，更重要的是，混合的宏观政策应考虑部门资产负债表不匹配所带来的风险。金融部门资产负债表是整个经济稳定的核心。对金融部门与公司部门、私人部门以及公共部门之间联系的分析是宏观审慎分析的重要组成部分。

传统的资本流动方法以财政、金融发展等数据为基础，资产负债表数据按照期限、货币、负债的合同性质以及资产质量划分，有助于分析一个部门资产负债表的不平衡如何引起另一个部门或者更多部门金融资产的变化，是对传统资本流动方法的补充。一个部门对另一个部门的负债以及要求权体现了进入金融服务的程度，突出了一个部门对另一个部门的潜在影响，即部门间的联系程度。资产负债表方法着重于两点：资产和负债的决定因素及其演变过程；可能引起资产和负债大量调整的冲击。

（二）资产负债表衰退与经济危机

针对日本自20世纪90年代以来长达十多年的经济萧条，日本野村综合研究所的首席经济学家辜朝明提出了资产负债表衰退的概念①。他认为，日本经济出现的这种衰退是因为企业资产在泡沫期过度扩张，而在经济泡沫破灭后资产价格暴跌，同时企业资产大幅缩水，从而造成了资产负债表的失衡，即企业负债严重超出资产，由此陷入了技术性破产的窘境。在这一过程中，企业将以负债的最小化作为经营

① Richard C. Koo. Balance Sheet Recession，Japan's Struggle with Uncharted Economics and Its Global Implications. Londom：John Wiley & Sons，2003.

目标，即通过停止或延后借贷行为的方式，尽可能地减少负债，修复受损的资产负债表。最终，企业这种大规模的资产负债表修复，会进一步加剧信贷紧缩和流动性停滞，最终导致经济出现更严重的衰退。

资产负债表衰退理论①将经济周期分为阴阳两个阶段。当经济周期处于“阳态”时，企业以利润最大化为目标。此时企业的资金需求旺盛，对利率变动反应灵敏。因此，货币政策是减少经济波动的主要工具，而财政政策由于对私人投资有挤出效应，会导致通货膨胀、利率上涨等现象发生，并且还会妨碍资源的最优分配，所以应尽量避免。

而当经济周期进入“阴态”阶段时，企业面临资产价格下降带来的资产负债表衰退的问题，不得不依靠抑制投资和借贷行为来缩减债务以维持正常的财务状况。由此，会导致资金需求急剧下降，总需求减少，以至于引发合成谬误，将经济推入恶性循环的状态。此时，由于私营部门的资金需求小，导致货币政策失灵。所以，政府必须扩张投资和消费以弥补因私人部门需求不足而造成的总需求的下降，只有这样才能使个人储蓄和企业偿债资金重新进入收入循环之中，因此财政政策成为主要调节工具。

（三）部门（国家）资本结构与资产负债表陷阱

按照传统的公司金融理论，资本结构的含义有广狭之分。广义的资本结构指企业中各种不同资产占总资产的比例，而狭义的内涵则仅指企业权益与负债之间的比例关系。那么，如果按照前面所设定的部门（国家）资产负债表构成，我们显然可以区分并定义部门和国家层面上的资本结构。随之而来的问题是，部门（国家）资本结构的基本

---

① 辜朝明：《大衰退》，东方出版社2008年版。

功能是什么？和企业资本结构的研究一样，存在最优的部门（国家）资本结构吗？

对于第一个问题，国家资本结构概念的提出者——Pettis（佩蒂斯）——给出了回答。Pettis（2004）[①] 认为，一国的资本结构就如同公司的资本结构一样，具有两个基本功能：①资本结构决定了一国经济收益的分配方式。对于信贷价值高的企业来说，经济增长主要有利于债权方。因为当债务的收益率上升时，原有的借贷方就能获得更高的份额。这将削弱对新投资的激励，甚至，这种反向的激励将导致新增投资枯竭，出现资本外逃。②资本结构决定了内外部冲击对一国宏观经济的影响。当债务水平比较高时，在遭遇外部冲击时，一国的资本结构和负债之间便产生了反馈，而冲击的影响是加剧还是削弱，则取决于一国资本结构的基本类型。

对于第二个问题，目前还没有学者给予足够的重视。Pettis（2004）针对中国的情况指出，“对于中国来说，什么资本结构是最优的、目前的资本结构是如何得到自我加强的、整个体系将如何对冲击做出反应，这些问题都需要进行系统性研究。”从 Pettis（2004）的研究来看，国家层面上的最优资本结构和企业的最优资本结构很可能存在本质的差异。公司金融理论中的 MM 定理等理论为我们揭示了企业价值和企业资本结构之间的关系。在给定的信息和前提假设下，最优的资本结构是使企业价值最大化时的资本结构。但对于部门（国家）最优资本结构的研究而言，最优的部门（国家）资本结构很可能是和金融系统稳定性联系在一起的。换言之，如果我们能够找到一种资本结构使一国的金融系统最具有稳定性，那么这种资本结构就是最优

① 迈克尔·佩蒂斯（Michael Pettis）：“中国资本结构不够合理、资产负债表亟待重建”，载于《财经》2004 年第 22 期。

的。但是，如何从理论上和经验层面上来界定和测度一国金融系统的稳定性，无疑是非常大的挑战。因此，这个方面的研究仍然任重而道远[①]。

但是，Pettis 和沈超（2003）[②]、Lima 等（2006）[③] 以及侯杰（2006）[④] 等都注意到了部门（国家）资产负债表中的资产负债不匹配所可能导致的重大问题。研究认为，“金融危机爆发的充分条件是一个具有不稳定资产负债结构的国家遭受了足够大的冲击，并且导致国家债务结构不断恶化（Pettis 和沈超，2003）。”这种情况被形象地称为“国家资本结构陷阱”（Pettis 和沈超，2003），也有部分学者称之为资产负债表错配。具体来说，资产负债表错配主要包括部门（国家）资产负债表中货币错配、期限错配和资本结构错配等三个方面（侯杰，2006）。

一国或地区，尤其是新兴市场国家或发展中国家和经济体，由于本国金融市场不完全，企业难以用本币筹集到所需的长期资金。因此，企业或者以本币借入短期资金作为长期资金使用，或者被迫在国际市场上以外币筹集资金以满足其长期的资金需求。这使企业面临一种两难选择，即企业要么借外币而导致货币错配，要么借短期贷款用作长

① 我们可以比较容易地定义和测度上市企业的价值，但是，我们很难定义一个部门，尤其是国家的市场价值。因此，完全从公司金融理论角度来研究最优的国家资本结构是难以行得通的。但是，如果我们视一国金融系统的稳定为一国的基本目标，那么，我们就可以定义一个最优的国家资本结构。即，如果某种资本结构下一国金融系统是最稳定的，那么，这种资本结构就是最优的。但是，很显然这个方面的研究极具挑战性。

② 迈克尔·佩蒂斯（Michael Pettis）、沈超：“构建稳定的国家资产负债表”，载于《新财富》2003 年第 9 期。

③ Lima, Juan Manuel, Enrique Montes, Carlos Varela, and Johannes Wiegand, “Sectoral Balance Sheet Mismatches and Macroeconomic Vulnerabilities in Colombia, 1996 – 2003”, *IMF Working Paper*, WP/06/5, 2008.

④ 侯杰：《国家资本结构与新兴市场国家金融危机》，中国人民大学博士学位论文，2006 年。

期用途从而出现期限错配（*Eichengreen and Hausmann*，1999）[①]。因此，所谓货币错配就是指经济实体（大到主权国家，小到企业和家庭）的资产净值（资产负债表）或净收入（损益表）对汇率变动的敏感性，净值/净收入对汇率变动越敏感，货币错配程度就越严重（Goldstein and Turner，2005）[②]。而期限错配则主要指经济实体的资金来源和运用在期限上的不匹配，从而使资金缺口暴露于市场利率变动的风险之中[③]。

资本结构错配主要是指一国经济总体对外负债过度和国内经济部门负债过度（侯杰，2006）。其中，一国经济总体对外过度负债“可以通过该国国家资产负债表计算经济总体的国外金融负债/净值、国外金融负债/储备资产以及国外金融资产（国外金融资产+储备资产）等指标来反映。”而国内经济部门的负债过度则“可以通过各经济部门资产负债表计算相应部门的金融负债/净值、金融负债/资产总额等指标来反映”。

（四）资产负债表错配与货币危机

从已有文献来看，利用部门（国家）资产负债表方法研究货币危机和金融稳定性等方面的文献大致可分为如下三类。

（1）国家资本结构和部门资本结构与金融稳定及货币危机之间关

---

① Eichengreen, B. and R. Hausmann, “Exchange Rate and Financial Fragility”, *NBER Working Paper*, No. 7418, 1999.

② 莫里斯·戈登斯坦、菲利浦·特纳著，李扬、曾刚译：《货币错配——新兴市场国家的困境与对策》，社会科学文献出版社 2005 年版。

③ 这两种现象也就是新兴市场经济体在汇率制度选择问题上的原罪假说。参见戈登斯坦和特纳（2004）。他们对货币错配、期限错配、原罪论及其发展做了比较全面的回顾和评论。

系的研究（Allen 等[①]，2002；侯杰，2006）。

（2）利用部门资产负债表方法考察部门间风险分担和转移的研究（Gray 等，2006[②]、2007[③]；王丽娅，2008[④]；侯杰，2006）。

（3）利用国家资产负债表和部门资产负债表方法考察一国或地区的债务、资本结构与金融稳定性关系的案例研究（Haim 和 Levy，2007[⑤]；Lima 等，2006；Rosenberg 等，2005[⑥]）。

侯杰（2006）首先分别从企业部门和政府部门过度负债角度考察了新兴市场经济危机，提出了第一类国家过度负债危机范式和第二类国家过度负债危机范式。他指出，“新兴市场国家通过公共债务方式为持续的或巨额的财政赤字融资，导致公共债务存量的积累，当公众认识到政府部门处于不可维持的过度负债状态时，会对公共债务进行挤兑或对本国货币（当公共债务很大一部分为外债时）发起投机攻击，最终导致危机的爆发。”

然而，在近年来几乎所有的货币危机现象中，都存在期限错配和货币错配以及资本结构错配问题。通常情况下，外币的期限错配会导致展期风险（Rollover Risk）[⑦]，而本国经济部门中以外币计值的资产

① Allen, Mark, Christoph Rosenberg, Christian Keller, Brad Setser, and Nouriel Roubini, “A Balance Sheet Approach to Financial Crisis”, *IMF Working Paper*, WP /02 /210, 2002.

② Gray, Dale. F., Merton, Robert, C. and Bodie, Zvi. “A New Framework for Analyzing and Managing Macrofinancial Risks of an Economy”. *IMF Working Paper*, No. 07/026, 2006.

③ Gray, Dale. F., Merton, Robert, C. and Bodie, Zvi. “New Framework for Measuring and Managing Macrofinancial Risk and Financial Stability”. *NBER Working Paper*, No. 13607, 2007.

④ 王丽娅：《宏观经济风险部门间分担与转移研究——基于 CCA 方法的分析》，西南财经大学博士学位论文，2008 年。

⑤ Haim, Yair, and Roee Levy, 2007, “Using the Balance Sheet Approach in Financial Stability Surveillance: Analyzing the Israeli Economy's Resilience to Exchange Rate Risk”, No. 1 /07, Bank of Israel.

⑥ Rosenberg, Christoph, Ioannis Halikias, Brett House, Christian Keller, Jens Nystedt, Alexander Pitt, and Brad Setser, “Debt-related Vulnerabilities and Financial Crises: An Application of the Balance Sheet Approach to Emerging Market Countries”, *IMF Occasional Paper*, No. 240, 2005.

⑦ 展期风险指债务到期时债务人难以获得再融资，而不得不以现金来清偿债务（Allen 等，2002）。

和负债不匹配则可能导致资本流动的逆转，从而导致储备压力。近年来新兴市场经济体中，无论是部门资产负债表还是整体的国家资产负债表都呈现出过度依赖负债而非股权融资的特点。股权融资作为一种缓冲器，它的缺失可能导致经济部门在面临随机冲击时出现财务困难。表1－1系统地总结了国家资本结构陷阱的具体表现形式。

表1－1　资产负债表错配的表现形式

风险部门	期限错配	货币错配	资本结构错配	清偿力（负债：资产）
政府部门	政府短期的硬通货债务（国内和国外）：政府流动性资产（储备资产）* 本币计值的短期政府债务：本币计值的政府流动性资产 *并非所有中央银行储备资产可用于政府债务清偿；有些中央银行的储备资产承诺用于支持本币，有些则贷给银行，等等。	以外币计值的政府债务（国内和国外）：政府硬通货资产（储备资产）	N/A	政府和中央银行负债：政府和中央银行资产。资产包括未来主要盈余的现值（包括铸币税收益）和政府与中央银行的金融资产，包括可私有化的企业。 负债可能包括养老金计划中的隐性债务，以及由于政府担保而产生的或有负债。
银行部门	短期硬通货债务（国内和国外）：银行硬通货流动资产（以及从中央银行借款的能力） 短期的国内债务（通常是存款）：流动性资产	以外币计值的资产（贷款）：外币计值的负债（存款/银行间信贷）	存款资本比率（和资本资产比率紧密相关）	银行负债：银行资产和资本
企业部门	短期负债：企业流动资产	以外币计值的债务（国内和国外）：硬通货资产	债务股权比率	企业负债：企业资产现值

续表

风险部门	期限错配	货币错配	资本结构错配	清偿力（负债：资产）
住户部门	短期债务：流动资产	以外币计值的资产（存款）：外币计值的负债（常常是抵押贷款）	N/A	负债：未来收益（工资和资产）
一国整体	短期外部债务：政府和私人部门的具有流动性的硬通货储备资产* *中央银行/政府外汇储备加上银行和企业的具有流动性的外汇储备	以硬通货计值的净外部债务* *以硬通货计值的外部债务减去以硬通货计值的外部资产	外部债务净存量（外部债务减去外部资产）：FDI净存量* *流量观点：过度依赖债务而不是FDI资金来为经常账户赤字融资	外部债务存量：国内居民持有的外部金融资产和未来贸易盈余的现值* *更复杂的分析需包括FDI的利润汇回，这些利润汇回是不稳定的，它们是对一国整体外部盈余的要求权。

注：*字开头句为*字结尾句的解释。

资料来源：Allen等（2002）。

20世纪90年代的一系列危机使越来越多的研究者注意到，国家外债期限结构失衡（即短期外债比重过高）造成的国际流动性不足在近年来新兴市场国家金融危机中扮演着重要的角色。由于新兴市场国家进入世界资本市场的途径有限①，而发达国家在面临流动性危机时，可以从全球资本市场上筹集紧急资金。因此，流动性不足对于新兴市场经济体来说是一个十分突出和普遍的现象。更为重要的是，大部分

① Goldstein and Turner（2005）把发展中国家和新兴市场经济体难以进入国际市场以本币进行资金的借贷归结为发展中国家和新兴市场经济体的原罪假说。

新兴市场经济体都存在大规模的货币错配问题，这种外债期限结构的失衡很容易使它们陷入流动性不足的困境。由于每个国外债权人都知道该国没有足够的清偿能力来归还他们的短期债务，所以一旦冲击出现，这些经济体危机的程度就会被大大地加重。

不仅一国总体的过度负债以及部门间货币错配和期限错配会导致货币危机和加重货币危机的影响程度，风险在一国主要部门之间的不当分担和转移也可能将脆弱部门的危机传染到其他健康的经济部门，并最终触发一国的货币危机和金融危机。

（五）资产负债表方法（BSA）的应用前景

建立在稳定的部门资产负债表基础之上的稳定的国家资产负债表是防范金融危机和货币危机的最优措施①。最近几年来学界在 BSA 方法下对金融危机和货币危机的研究极大地推动了人们对危机生成机理的理解。货币错配、期限错配和资本结构陷阱使学界和决策者进一步认识到了健全而健康的金融体系和私人部门的重要性，也使学界和决策者能够全面地评价一国的金融稳定性，并为监管机制的设计提供新的手段和方法。因此，这种方法不仅有助于我们重新、全面地评价一国的金融稳定性，也有助于我们建立更好的危机预警系统。

这种方法对我们理解当前的危机和危机传导机制也提供了一个良好的视角。2008 年 7 月美国次级贷款危机所引发的全球金融危机目前仍在深刻地影响着全球经济。虽然目前学界对于危机的生成机理、传

① Pettis 和沈超（2003）指出，“最优的防卫金融危机和货币危机的措施是构建稳定的国家资产负债表。”然而，这一观点忽略了重要的一点：由主要部门资产负债表加总得到的国家资产负债表遗漏了很多重要的信息，很多情况下并不能准确反映各经济部门之间的内在联系，而这种内在联系很可能是危机发生的一个重要的传导渠道。

导机制等各个方面都没有深入涉及，也远未能形成一致的看法。但是，危机中美国私人部门资产负债表出现的资本结构陷阱（次级贷款者资产状况恶化导致的违约），影响到了（包括外国）金融机构的资产负债表状况（金融机构的破产倒闭），造成了危机在国际间的迅速传播。因此，从私人部门和金融部门等部门资产负债表与美国的国家资产负债表[①]角度来深入考察这场危机的形成机理、传导机制及其对全球经济的深刻影响，并在此分析基础上加强金融监管。这个新的角度能够加强我们对此次危机的理解。

目前利用资产负债表方法对货币危机和金融稳定性问题的考察与研究还处于初级阶段。大部分研究都旨在建立一个分析性的研究框架，还没有进一步深入到各个部门之间资产负债表内在联系的逻辑机理层面上，也没有能够在资产负债表的基本构成和研究框架上达成比较一致的看法。更为重要的是，资产负债表方法侧重从存量角度来考察金融稳定和货币危机的形成机理，然而，一国各个部门资产负债表中存量的调整是如何发生的，又是如何调整的，进而如何引发金融危机的，这些问题都没有彻底得到解决。这些都构成了后续研究的重要内容。但无论如何，这个新的方法为学界和决策者提供了一个全新的视角和方法来审视货币危机和金融危机以及金融的稳定性问题。

二、资产负债表在微观领域的应用

目前关于资产负债表的研究更多地集中于微观领域，即公司或银

① 美国持续多年的经常账户逆差是其国家资产负债表状况恶化的直接表征，其背后则反映了伴随美元本位的高消费、低储蓄行为，这种行为也是导致当前危机的一个重要因素。

行资产负债表的渠道效应上。Bernanke 和 Gertler（1995）① 从企业资产负债表分析了货币政策信贷传导渠道，认为货币政策通过影响借款人的资产负债状况，从而影响银行对借款人的授信，并作用于借款人的投资活动，从而达到放大货币政策影响力的作用。对不同经济体制和市场条件下国家的资产负债表渠道效应进行比较分析，将有助于完善我国货币政策资产负债表渠道效应的研究。

Toshitaka Sekine 和 Ydahlia Metzgen（1999）② 对日本企业及其主要银行的资产负债表状况是否会对这些企业的投资造成重要影响这一问题进行了研究。该研究采用 1985 ~ 1995 年日本的公司样板动态数据，证明了这些企业自身资产负债表的状况对通过银行进行的融资有重要的影响，强调了货币政策传导中信贷渠道的重要性。由于信息不对称，在危机时汇率贬值将通过资产负债表渠道影响公司投资。Kiyotaki 和 Moore（2002）③ 以美国为例研究了资产负债表效应，他认为资产负债表的传染效应可以分为两类：一类是通过资产价格波动对抵押品价值的间接效应；另一类是存在信贷链条时，通过债务偿付的违约或延期的直接效应来实现。

Francois Hermet（2003）④ 分析了 1997 年亚洲金融危机之后韩国企业的投资行为和信贷紧缩是否相关，研究结果表明，公司规模在该机制中也是一个重要的因素，银行在信贷紧缩的时期更愿意将款贷给

---

① Bernank, B. S. and Gertler, M. , "Inside the BlackBox: The Credit Channel of Monetary Policy Transmission." *Journal of Economic Perspectives*, Vol. 9, pp. 27 ~ 48. Fall, 1995.

② Toshitaka Sekine and Ydahlia Metzgen, "Firm Investment and Balance-sheet Problems in Japan", *IMF working paper*, 1999。

③ Kiyotaki Nobuhiro, Moore John, "Balance-sheet contagion" . *American Economic Review*, Vol. 85, pp. 46 ~ 50, 2002.

④ Hermet, Francois. "Currency Crisis and Balance-sheet Channel Effect: The Korean experience" . *Economic Bulletin*, Vol. 6 (12), pp. 1 ~ 12, 2003.

大公司，小公司在出现金融危机的情况下更容易受到资产负债表效应的影响，其融资成本将显著增加。这也表明，韩国和日本一样，公司规模将影响资产负债表渠道效应大小。

陈晓莉（2006）① 基于信息的银行挤兑模型，构建了关于本币升值带来的冲击通过银行资产负债表渠道引起银行危机的模型。模型表明，在货币升值的情况下，如果银行及其客户存在较多的外币资产与本币负债的货币错配，并且这种错配情况能被部分存款人观察到，那么他们将改变原来的提款计划，引起银行流动性危机。

三、资产负债表在金融领域的应用

（一）使用 VaR 指标进行部门风险分析

风险价值（VaR）指标在一定期间内给定置信水平下资产的最大损失。在部门金融资产的市场价值能够确定的情况下，可以用 VaR 指标来研究部门资产在一定置信水平下的最大损失。Blejer 等（1998）② 和 Cornelius（2000）③ 分别在资产负债表的框架下使用这种方法对金融部门和公共部门的风险进行分析。其基本思路在于：将资产负债表中的各个项目以及表外项目看做投资组合，然后使用该投资组合价值的波动率来计算相应的 VaR 值。

---

① 陈晓莉："本币升值冲击与银行业危机：一个基于不对称信息的分析框架"，载于《世界经济》2006 年第 7 期。

② Blejer M. and Schumacher L.，"Central Bank Vulnerability and the Credibility of Commitments: A Value-at-Risk Approach to Currency Crises"，*IMF working paper*，1998.

③ Cornelius P，"Trade in Financial Services，Capital Flows，and the Value-at-Risk of Countries"，*The World Economy*，Vol. 52，pp. 649 ~ 672，2000.

（二）测度宏观金融风险的大小

或有权益分析方法（Contingent Claim Analysis，CCA）的核心是把各部门的权益或担保看作期权，并运用期权定价模型进行定价，用以估算宏观经济的风险暴露。Gray（2001①、2002②）、Gray 和 Malone（2008）③，以及 Gray、Merton 和 Bodie（2002④、2006⑤、2008⑥）等运用这种方法对宏观金融风险进行了阐述，具体用于以下领域：主权部门的风险度量及可持续探讨、银行系统性风险度量、国家风险压力测试、企业部门脆弱性及其与国民经济的联动性等。

（三）测度宏观金融风险在各部门的分担与转移机制

Grayetal（2008），Castren 和 Kavonius（2009）⑦ 等运用金融网络模型探讨了各部门间的风险转移路径。这种方法能够进一步认清宏观金融风险的源头及传染模式，进而全面的分析负面冲击在宏观金融中的传导过程及其对宏观经济、金融脆弱性的影响作用。宫晓琳（2011）⑧ 通过网络模型量化分析了冲击在经济中的传导及系统危机的衍生过程，量化分析了资产负债表传染发生时，各个部门于各传染轮次中的损失量。宫晓琳（2012）⑨ 分步骤、分层次地解析了系统性金

---

① Gray D.，“Macro Financial Risk Framework”，*MfRisk technical Document*，25 - 01. 2001.

② Gray D.，“Macro Finance：The Bigger Picture”，*Risk Magazine*. 2002.

③ Gray D.，S. Malone，Macrofinancial Risk Analysis，London：John Wiley & Sons，2008.

④ Gray D，Merton R. and Bodie Z.，A New Framework for Analyzing and Managing Macrofinancial Risks，Conference on Finance and the Macroeconomy，NYU，2002.

⑤ Gray D，Merton R.，and Bodie Z.，“A New Framework for Analyzing and Managing MacrofinancialRisks of An Economy”，NBER Working Paper，No. 12637，2006.

⑥ Gray D，Merton R.，and Bodie Z.，“New Framework for Measuring and Managing Macrofinancial Risk and Financial Stability”，*Harvard Business School Working Paper*. 2008.

⑦ Castren O. and Kavonius I. K.，“Balance Sheet Interlinkages and Macro-Financial Risk Analysis in the Euro Area”，*ECB working paper*，2009.

⑧ 宫晓琳：《量化分析中国宏观金融风险及其演变机制》，山东大学博士学位论文，2011 年。

⑨ 宫晓琳：“宏观金融风险联动综合传染机制”，载于《金融研究》2012 年第 5 期。

融危机酝酿及演化过程中，宏观金融风险在各类因素推动下加速增高的具体机制——风险联动综合传染机制。同时利用我国2000～2008年系统性宏观金融数据实证分析了风险传染的现实状况和不同实现机制。叶永刚和宋凌峰（2007）① 以及王丽娅（2008）考察了宏观金融风险在一国主要部门之间的分担和传递问题。这些研究表明，当风险在各个主要部门之间最优分担的情况下，一国宏观经济可以健康的运行；而当风险在某一部门内部积累到一定的水平时，宏观经济就会出现严重问题，爆发货币危机或财政危机。在这个方面的研究中，最为关键的是寻找到部门之间的联系，以及风险如何在各个部门之间进行传递，在此过程中风险又是如何被放大或抵消的。

从部门经济资产负债表可知，部门间宏观风险的联系纽带主要表现为以下几种形式。

第一，公司部门→银行部门→公共部门。当公司部门陷入经营困境，公司风险贷款的价值下跌将导致银行资产价值下降，风险从公司部门转移到银行部门。由于公共部门存在对银行部门的隐性担保，银行资产价值的下降将增加公共部门的风险。另外，银行部门自身困境如遭遇挤提也会引发风险向公共部门的转移。

第二，银行部门⟷公共部门。当公共部门觉得自身风险负荷过重时，可能将风险转移给银行系统。由于银行持有大量政府债券，公共部门的金融困境将使银行部门持有的政府债权价值减小，公共部门对金融部门的隐性担保将会增加。这种情况将产生复合效应，如果公共部门的金融头寸进一步恶化，可能导致公共部门无法履行其担保义务，促使银行系统瘫痪。

---

① 叶永刚、宋凌峰：“宏观金融工程论纲”，载于《经济评论》2007年第1期。

第三，公共部门→债务持有者（外币或本币债务）。公共部门不一定是风险的最后承担者。公共部门可能采用两种方式来承担风险：一是用自身的收益来化解风险；一是将风险进一步转移给公共部门的债务持有者。公共部门持有外币债务和本币债务，由于政府不能发行外币，因此以外币债务分担风险的操作空间较小。由于发行本国货币或者政府债券能够给公共部门带来额外收益，因此，当资产价值下降时，公共部门通常会增加债务来转移风险，而风险最终又由国内私人部门来承担。

第四，私人部门→银行部门→公共部门。当公众受到某种外部冲击时（或者预期银行出现问题），可能都会到银行提取存款，引发存款挤兑，银行部门流动性将吃紧，公共部门对银行部门的担保增加，一旦出现流动性不足，公共部门将伸出援手兑现其担保，否则将引发金融危机，风险从私人部门转移到银行部门，再转移到公共部门。

四、资产负债表在财政领域的应用

根据债务可持续性定义，债务可持续性意味着债务的预期损失和风险溢价应低于一定的水平，即所谓的“阈”值。传统的债务可持续性分析法（Debt Sustainability Analysis，DSA）重点考虑债务比率，不区分不同种类的债务，也不考虑债务的风险溢价，而基于 CCA 方法的公共债务可持续性分析把不确定性纳入公共部门经济资产负债表（也称主权风险调整资产负债表）框架，把 DSA 和早期脆弱性预警指标相结合，为传统债务可持续性分析提供了强有力的补充。

（一）传统 DSA 分析法

假设当负债率（债务余额/GDP）稳定或下降时，政府的预算约束可以得到满足。基于此假设，传统债务可持续性分析要求公共部门负责率要保持稳定或者降低，否则债务不可持续。正是基于这样的逻辑，各种指标被设计出来用以检查某种政策是否稳定，IMF 认为新兴市场国家 40% 以下的负债率是比较合适的。传统 DSA 分析方法比较简单，具有一定的指示作用，但是此方法容易产生误导。

传统债务可持续性分析方法有许多严重的缺陷，主要表现为以下几点。

（1）由于没有考虑不确定性，此方法一般采用债务账面价值，没有考虑风险价值。

（2）过分强调负债率（债务余额/GDP）比率的稳定性，而 GDP 数据是高度汇总的，不能体现风险偏好的改变，也不能分析期限结构给债务带来的变化。有可能出现这样的情况：公共部门债务脆弱性快速累积，而此比率却没有较大变化，因为此比率不能体现违约风险的变化。

（3）过分强调负债率的稳定性或降低，而较少关注此水平是否过高或过低。目前许多研究致力于寻找“安全”值，认为新兴国家的安全范围为 15% ~60% 。

（4）公共部门债务有本币债务和外币债务，此方法不区分主权外币债务和本币债务风险的不同性质，实际上外币债务持有者和本币债务持有者要求的风险溢价水平是不同的。

（二）CCA 债务可持续性分析法

CCA 分析法把违约概念引入传统 DSA 分析中，把资产负债的不确定性纳入框架，提供了风险调整的资产负债表。公共部门作为债务人，需要支付债权人一定的溢价以补偿其承担的违约风险或通胀风险，当债务的预期损失和风险溢价低于一定的水平时，债务可持续。由于考虑了不确定性，那么不同风险债务的风险溢价是不同的。因此，把CCA方法用于分析债务可持续性的关键在于对不同债务的风险溢价进行定价。

与传统DSA分析法相比，把CCA方法运用于债务可持续性分析的优势表现为以下几个方面。

（1）此方法包含了公共部门资产负债结构信息，即政府和货币当局的主要资产，以及对其他部门的相关负债，对资产负债结构的了解有助于分析公共部门偿还债务的能力。

（2）此方法可用于情景和模拟分析，可分析宏观经济冲击对债务可持续性的影响，以此确定可能的风险控制政策。

（3）此方法可对部门间的反馈效应进行估计和确定，有助于分析部门间的联系渠道和联系程度。

（4）此方法采用超前的风险指标来估计债务的可持续性，反应了信贷风险的非线性变化，并且能够刻画不同债务的性质，尤其是外币债务和本币债务的不同风险性质。

综上所述，传统DSA方法没有考虑不确定性或波动性，只是基于稳定状态假设。但是，政策或外部冲击都可能带来波动性，而且新兴市场波动性比成熟市场更大，部分原因在于他们不能提高税收，收入来源受限。在传统DSA分析框架，风险指标是将来的负债率，而在CCA框架，风险指标是外币债务的信用利差、违约概率和本币债务的风险溢价。CCA方法定义债务可持续性为相应的风险指标保持在一定的“阈”值下。而外部波动性或宏观波动性对国家违约是有影响的。

宏观经济冲击极大地增加了一国在突然冲击面前的脆弱性，在估计债务可持续性时也不能忽略。当一个国家对外部冲击的风险暴露改变时，其“可持续”的债务水平也将改变。CCA 方法充分考虑了波动性带来的影响，可以估计不同政策变化带来的效应，以便采取相应的对冲工具来降低风险，CCA 方法为政策制定者提供了更加细致的分析工具。Gray、Merton 和 Bodie（2003）等都对此方法进行了深入研究。

五、资产负债表在宏观审慎管理体系中的应用

Gray（2010）将经济资产负债表和 CCA 的分析方法用于宏观审慎政策的设计、测度金融部门对风险调整后 GDP 的贡献等领域。与此同时，这种方法也为我们的宏观金融风险管理提供了一种崭新的研究思路。

CCA 的运用可以分析经济中部门的风险暴露，这为控制和转移风险提供了比较分析的框架。其优势集中体现在：第一，它可以衡量跨部门的相关资产价值和风险暴露，这可以帮助识别特定的脆弱情形和潜在的违约反应链，这也有助于形成控制和转移的各种方法；第二，这个框架是与风险管理策略相结合的框架，可以运用显性衍生工具和互换来控制、对冲和转移风险（Blejer 和 Schumacher，1998）。

为了维护金融稳定，我们可根据宏观经济风险的转移路径来控制、对冲和转移风险。

（1）公司部门和私人部门与银行部门的联系可在银行部门的资产负债上体现，因此，银行部门最直接的控制风险措施就是改变资产负债结构降低资产组合的风险。

（2）银行所面临的风险多种多样，对风险的管理关系到银行的持

续经营。银行本身资本不多，承担风险能力不强，因此，银行必须进行风险转移，而不是把风险自留在银行内。

（3）银行面临的风险分为系统风险和非系统风险，非系统风险是可以通过风险转移进行分散的，而系统风险则不能。考虑到银行部门的公共性，公共部门对银行部门进行了金融担保，金融担保对金融稳定至关重要，我们要加强金融担保本身的管理，让监管者随时可以关注到系统风险的变化。

（4）作为金融担保的担保人，公共部门自身的风险管理也需要我们密切关注。

（5）从系统的角度看，银行部门最关键的是流动性风险。银行部门的一切问题最终都将表现为流动性问题，一旦银行系统流动性不足，金融危机将爆发，因此，如何防范流动性风险对维护宏观金融稳定至关重要。

（6）从宏观风险管理的角度看，可以建立宏观市场，通过宏观金融创新工具来转移和管理宏观风险。

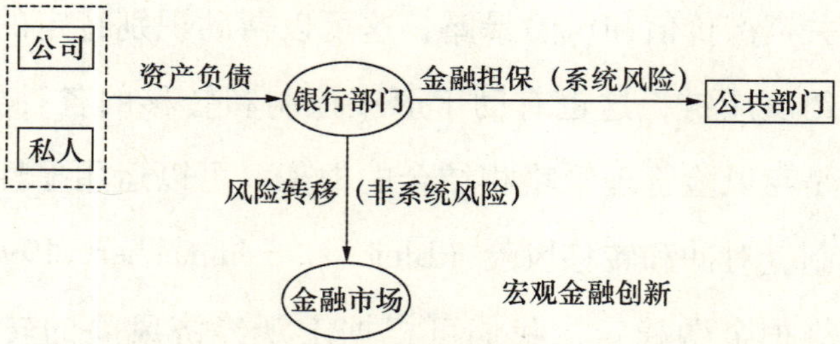

图1-1　宏观经济风险管理策略图

第二章

政府资产负债表的编制方法

政府资产负债表是国家资产负债表的重要组成部分。所谓国家资产负债表（National Balance Sheet），是指包括了政府、居民、非金融机构、金融机构等所有经济部门在内的资产负债信息。它反映了整个国民经济在某一特定时点上的资产和负债的总量规模、结构、国民财富及总体经济实力的状况。其中，各经济部门的资产负债表即为部门资产负债表。不少国家政府已经非常关注其中的“政府资产负债表”和“公共部门资产负债表”，用以判断政府和公共部门的净资产状况，协助制定可持续的财政政策。

国民经济核算体系 2008（System of National Accounts 2008，SNA2008）是在联合国、欧盟委员会、经济合作与发展组织、国际货币基金组织和世界银行五大国际组织联合形成并发布的一整套宏观经济账户的统计框架。其中就资产负债表而言，SNA2008 有非常详细的指标分类和内容说明，为各国编制国家资产负债表，并进行国际间比较提供了标准。

一、SNA2008 中资产负债表的主要内容

SNA2008 中将经济整体划分为六大部门，分别是非金融公司部门、金融公司部门、一般政府部门、为住户服务的非营利机构部门、住户部门和国外部门。其中，非金融公司是指那些以生产市场性货物或非金融服务为主要活动的公司，其子部门包括公营非金融公司、本国私营非金融公司和国外控制的非金融公司；金融公司部门是从事向其他机构单位提供金融服务活动的常住公司，它包括中央银行在内的九个子部门；一般政府部门有两种划分方式，一种是由中央政府、省级政府、地方政府和社会保障基金四个子部门构成，另一种是将社会保障基金按三级政府分开，分别纳入三级政府部门之中；为住户服务的非营利机构部门是指既不从事市场生产，又不受政府控制的非营利机构；住户部门包括作为机构单位的住户和住户中的非法人企业，SNA2008 对其子部门的划分列出了三种方法，分别是按主要收入来源划分子部门、按参照人的特征划分子部门和按住户的规模和所在地划分子部门；国外部门是所有与常住单位有交易或有其他经济联系的非常住机构单位，包括国际组织和货币联盟的中央银行。此外，SNA2008 部门分类还包括公共部门，公共部门包括一般政府部门以及所有公共公司，公共公司的子部门又可以进一步划分为非金融公共公司，以及中央银行以外的公共金融公司和中央银行。

在 SNA2008 中，资产负债表分为非金融资产、金融资产和金融负债三大类。在非金融资产中，主要包括生产资产和非生产资产两类。生产资产主要由固定资产、存货和贵重物品组成。非生产资产分为自然资源、合约、租约和许可以及商誉和营销资产三部分。金融资产/负

债包括货币黄金和特别提款权（SDR）、通货和存款、债务性证券、贷款、股权和投资基金份额、保险、养老金和标准化担保计划、金融衍生工具和雇员股票期权以及其他应收/应付款等共八类，备忘项目包括外商直接投资、耐用消费品和不良贷款三类。

表 2－1　　资产负债表项目及说明

资产负债分类	说　明
非金融资产（Nonfinancial assets）	金融资产以外的经济资产
生产资产（Produced assets）	生产资产主要有三类：固定资产、存货和贵重物品。固定资产和存货是只有生产者才持有的、以生产为目的的资产。贵重物品可以被任何机构单位持有，主要作为价值贮藏手段
固定资产（Fixed assets）	固定资产是重复使用或者连续使用超过一年的生产性资产
住宅（Dwellings）	住宅是指完全或基本用作居住的房屋或房屋的指定部分，包括各种附属结构，如车库和在住所中习惯安装的所有永久性固定装置。作为住户主要居住场所的居住船只、移动设施和大篷车也包括在内
其他建筑物和构筑物（Other Buildings and structures）	建筑物和构筑物包括住宅、非住宅建筑和其他构筑物，还包括历史古迹和军队资产
非住宅建筑物（Buildings other than dwellings）	非住宅建筑包括除住宅以外的所有建筑物。如仓库和工业用房、商业用房、用于公共娱乐的房屋、旅馆、餐馆、学校、医院、监狱等
其他构筑物（Other structures）	其他构筑物是除房屋以外的构筑物，如公路、街道、道路、铁路和机场跑道；桥梁、高架公路、隧道和地铁；水路、港口、大坝和其他水上设施；长途管道、通讯和电力线；地下管道和电缆、辅助设施；用于采矿和制造的构筑物和用于运动和娱乐的构筑物
土地改良（Land improvements）	土地改良是指能够极大改良土地的数量、质量或生产率，或者防止土地退化的行为。如土地清理、土地修筑、修筑水井和灌溉水渠等

续表

资产负债分类	说 明
机器和设备 （Machinery and equipment）	机器和设备包括交通设备，用于信息、通讯和电信（ICT）的机器，以及其他机器和设备
交通设备 （Transport equipment）	运输设备是指运送人或物体的设备。如机动车辆、拖车和半挂车、船舶；铁路和有轨机车、铁路货车和客车、飞机和太空船；摩托车和自行车等
ICT 设备 （ICT equipment）	信息、计算机和通信（ICT）设备包括使用电子控制装置的设备和组成这些设备的电子零部件
其他机器和设备 （Other machinery and equipment）	主要包括一般和特殊目的的机器、办公、核算和计算设备、电工机械和仪器、无线电、电视、通信设备和仪器、医疗器具、精密仪器和光学仪器、表和钟，家具、音乐器械、运动器材、除了中心加热锅炉以外的蒸汽发电机
武器系统 （Weapons systems）	武器系统包括诸如军舰、潜艇、军用飞机、坦克、导弹运载工具和发射架等交通设备和其他设备
培育性生物资源 （Cultivated assets）	培育性生物资源包括能重复提供产品的动物资源和能重复产果的树木、庄稼和植物资源，这些资源应处于机构单位的直接控制、负责和管理之下
重复提供产品的动物资源 （Animal resources yielding repeat products）	重复提供产品的动物资源是指其自然生长和繁殖都在机构单位的直接控制、负责和管理之下的动物。它们包括育种家禽、奶牛、役使动物、绵羊或其他用于产毛的动物，用于运输、比赛和娱乐的动物
重复提供产品的林木、庄稼和植物资源 （Tree，crop and plant resources yielding repeat products）	重复提供产品的林木、作物和植物资源是指其自然生长和繁殖都在机构单位的直接控制、负责和管理之下的植物。它们包括为产水果和坚果、树汁或树脂、树皮和树叶而培育的林木（包括葡萄藤和灌木）

续表

资产负债分类	说　明
知识产权产品 (Intellectual property products)	知识产权产品是研究、开发、调查或者创新的成果，这些行为会产生知识，开发者能够销售这些知识，或者在生产中使用这些知识来获利，因为通过法律或其他保护手段，这些知识的使用是受到限制的
研究和开发 (Research and development)	研究与（试验性）开发支出是指：为了增加知识储备（包括有关人类、文化和社会的知识）并利用这种知识储备开发新的应用，系统性地从事创造性工作而支出的价值。这并没有将 SNA 的资产延伸到包括人力资本在内
矿藏勘探和评估 (Mineral exploration and evaluation)	矿藏勘探和评估是指对石油、天然气和非石油矿藏进行勘探，并随后对这些发现进行评估所支出的价值。这些支出包括获取许可证前的费用、许可证费用、评估费用和实际试钻费用，以及使得试钻得以进行而发生的航空测绘和其他测绘的费用、运输费用等
计算机软件和数据库 (Computer software and databases)	计算机软件包括计算机程序、程序描述和上述系统与应用软件的支持材料。数据库是指以某种允许高效访问和使用数据的方式组织起来的数据文件
娱乐、文化或艺术品原件 (Entertainment, literary or artistic originals)	娱乐、文学或艺术品原件指记录或体现有戏剧表演、广播电视节目、音乐表演、体育比赛、文学和艺术作品等的影片、录音、手稿、磁带、模型等
其他知识产权产品 (Other intellectual property products)	其他知识产权产品包括除上述具体项目之外的、属于固定资产的其他一切产品
存货 **(Inventories)**	存货包括战略储备和其他存货
材料和用品 (Materials and supplies)	材料和用品指存在政府仓库里打算作为中间投入用于生产的所有货物，如办公用品、燃料和食品等

续表

资产负债分类	说　明
在制品 (Work in progress)	在制品是指政府生产的、加工尚不够充分的产品，它们还未达到能被其他机构单位使用时的正常状态
制成品 (Finished goods)	制成品指作为产出而生产的货物，生产者将其提供给其他机构单位，在此之前不再打算做进一步的加工
军事存货 (Military inventories)	军事存货是指武器或武器系统中的一次性使用的物品，如弹药、导弹、火箭、炸弹等
供转售的货物 (Goods for resale)	供转售的货物是指购买供转售货物的企业除了采用对顾客有吸引力的方式将这些货物展现出来用作转卖以外，不再对其做进一步的加工
贵重物品 **(Valuables)**	贵重物品包括贵金属和宝石，古董与其他艺术品，以及其他贵重物品
非生产资产 **(Non-produced assets)**	非生产性资产包括土地、地下资产、其他自然资产和无形非生产性资产
自然资源 **(Natural resources)**	
土地 (Land)	土地被定义为地面本身，包括覆盖的土层和附属的地表水，所有者通过持有或使用它们可以对其行使所有权，并获取经济利益
矿产和能源储量 (Mineral and energy reserves)	矿物和能源储备是指位于地球表面以上或以下的，在给定的现有技术和相对价格下具有经济可开采性的矿物和能源储备
非培育性生物资源 (Non-cultivated biological resources)	非培育生物资源是指这样一些动物、鸟类、鱼类和植物：可能产生一次性产品也可能重复产生产品，所有者能够对其行使所有权但其自然生长和繁殖不在机构单位的直接控制、负责和管理之下。比如在一国领土内的原始森林和渔场
水资源 (Water resources)	水资源是指其稀缺性已导致了行使所有权或使用权，进行市场估价和采取某些经济控制措施的地下蓄水层和其他地表水

续表

资产负债分类	说 明
其他自然资源 (Other natural resources)	其他自然资源目前只包括无线电频谱
合约、租约和许可 **(Contracts, leases and licenses)**	只有当下列两个条件都满足时，合约、租约和许可才被视为资产。1. 合约、租赁和许可这些术语明确规定了所使用的资产或提供服务的价格，这个价格不同于缺少合约、租约和许可时的流行价格。2. 契约的一方必须能够合法地并且实际上实现这个价格差异
商誉和营销资产 **(Goodwill and marketing assets)**	商誉指一个企业的潜在购买者常常会准备支付一笔超过该企业可单独识别和估价的资产和负债净值的额外费用。营销资产是指诸如品牌名称、报头、注册商标、公司标识和域名等项目
金融资产/负债 **(Financialassets/liabilities)**	金融资产包括所有金融债权、公司股票或公司其他权益以及被货币当局持作储备资产的金块
货币黄金和特别提款权 (Monetary gold and SDRs)	货币黄金是由货币当局所拥有的，并作为储备资产而持有的黄金，它包括金块（包括在分配黄金账户里持有的黄金）和非分配黄金账户。特别提款权（SDR）是由国际货币基金组织（IMF）创立并分配给会员以补充现有储备资产的国际储备资产
通货和存款 (Currency and deposits)	通货指那些由中央银行或中央政府发行或授权的具有固定面值的纸币和硬币。存款包括可转让存款、银行间头寸和其他可转让存款
债务性证券 (Debt securities)	债务性证券是作为债务证明的可转让工具。它们包括票据、债券、可转让存款证、商业票据、债权证、资产支持证券和通常可在金融市场交易的类似工具
贷款 (Loans)	贷款包括透支、分期付款贷款、分期付款购物信用和商业信用融资贷款。对 IMF 的贷款形式的债权或债务也包括在内。来自可转让存款账户透支便利的透支也列入贷款类。证券回购协议，黄金掉期和融资租赁也应列入贷款类

续表

资产负债分类	说　明
股权和投资基金份额（Equity and investment fund shares）	股权和投资基金份额的显著特征是持有者对发行单位的资产有剩余索取权。股权包括证明对清偿了债权人全部债权后的公司或准法人公司的剩余价值有索取权的所有票据和记录。投资基金是将投资者的资金集中起来投资于金融或非金融资产的集体投资。投资基金包括共同基金和单位信托基金
保险、养老金和标准化担保计划（Insurance，pension and standardized guarantee schemes）	保险、养老金和标准化担保计划适用的准备金有五种，它们是非寿险专门准备金、寿险和年金权益、养老金权益、养老金发起人的养老基金债权和标准化担保代偿准备金
金融衍生工具和雇员股票期权（Financial derivatives and employee stock options）	金融衍生工具是与某种特定金融工具或特定指标或特定商品挂钩的金融工具，通过金融衍生工具，特定的金融风险本身就可以在金融市场上交易。金融衍生工具可分为两大类：期权合约（期权）和远期类合约（远期）。在每一类里，均可按市场风险类别细分为：外汇、单一货币利率、股票、商品、信用和其他。雇员股票期权是雇主与雇员在某日（授权日）签订的一种协议，根据协议，在未来约定时间（含权日）或紧接着的一段时间（行权期）内，雇员能以约定价格（执行价格）购买约定数量的雇主股票
其他应收/应付款（Other accounts receivable/payable）	其他应收/应付款包括提供给公司、政府、为住户服务的非营利机构、住户和国外的货物和服务的商业信用、在建工程（如果将其列入存货类）或拟建工程的预付款、税、红利、证券买卖、租金、工资和薪金、社会保障缴款有关的应收和应付款和尚未支付的应计利息
备忘项目（Memorandum items）	
外商直接投资（Foreign direct investment）	因提供或接受外商直接投资引起的金融资产和负债交易要记入相关类别，即记入债务性证券、贷款、股权、商业信用或其他。但是，列入上述每一类别中的外商直接投资额也应作为备忘项目单独记录

续表

资产负债分类	说　明
不良贷款 (Non-performing loans)	不良贷款包括应付利息和/或本金逾期90天及以上；根据协议逾期90天及以上的应付利息被资本化、再融资或延期；虽然应付利息逾期不足90天，但债权人有充分理由（如债务人申请破产）怀疑利息不能完全支付
耐用消费品 (Consumer durables)	住户所有的耐用消费品存量要以现期价格估价，包括总额和扣除累计折旧——等同于固定资本消耗——后的净额

资料来源：《国民经济核算体系2008》。

二、SNA2008与SNA1993关于资产负债表的区别

（一）机构和部门

SNA2008在机构部门的一级分类上延续了SNA1993的分类。而差异主要体现在金融公司部门的子部门分类上，在SNA1993中金融公司部门由中央银行、其他存款公司、保险公司和养老基金以外的其他金融中介机构、附属金融机构、保险公司和养老基金五个子部门构成，而在SNA2008金融公司部门中由中央银行等九个子部门构成。

表2－2　　SNA1993和SNA2008机构部门比较

SNA1993	SNA2008
非金融公司部门	**非金融公司部门**
公营非金融公司	公营非金融公司
本国私营非金融公司	本国私营非金融公司
国外控制的非金融公司	国外控制的非金融公司
金融公司部门	**金融公司部门**
中央银行	中央银行
其他存款公司	中央银行以外的存款性公司

续表

SNA1993	SNA2008
保险公司和养老基金以外的其他金融中介机构	货币市场基金（MMFs）
附属金融机构	非 MMF 投资基金
保险公司和养老基金	保险公司和养老基金以外的其他金融中介机构
	金融辅助机构
	专属金融机构和贷款人
	保险公司
	养老基金
一般政府部门	**一般政府部门**
中央政府	中央政府
省级政府	省级政府
地方政府	地方政府
（社会保障基金）	（社会保障基金）
为住户服务的非营利机构部门	**为住户服务的非营利机构部门**
住户部门	**住户部门**
国外部门	**国外部门**

资料来源：《国民经济核算体系 1993》和《国民经济核算体系 2008》。

（二）资产和负债

SNA2008 在资产和负债的分类上与 SNA1993 保持一致，分为非金融资产、金融资产和金融负债三大类。从非金融资产分类上看，一级分类与二级分类同 SNA1993 是一致的，只是 SNA2008 取消了有形资产和无形资产的分类标准，即取消了有形固定资产和无形固定资产，而在非生产资产中同样取消了有形非生产资产和无形非生产资产。并且在固定资产中新增加了武器系统，在存货中新增加了军事存货和供转售的货物两项。

SNA2008 将金融资产由八类增加到九类。其中，通货和存款中的可转让存款新增了银行间头寸；债务性证券替代了股票以外证券，但内容是相同的；股票和其他权益更名为权益和投资基金股份，其中投资基金股份是新增的；保险专门准备金扩充为保险、养老金和标准担保计划；新增了金融衍生工具；雇员股票期权作为并列于金融衍生品的一个类别单独纳入金融资产。

三、国际货币基金组织《政府财政统计手册 2014》

（一）对政府范围的界定

在美国次贷危机以及欧洲主权债务危机爆发之后，IMF 开始对政府财政统计体系进行新一轮修订，并于 2014 年 3 月正式发布了新版《政府财政统计手册 2014》（Government Finance Statistics Manual 2014，GFSM2014）。GFSM2014 划分了广义政府部门和公共部门，广义政府部门由把完成政府功能作为其首要活动的常设机构单位组成。该部门包括所有政府单位和所有政府单位所控制的非市场、非营利性机构单位（NPIs）。政府单位的功能，宽泛来说就是主要通过提供非市场的服务或对收入和财富进行再分配来执行公共政策，而这些活动都主要依靠对其他部门（居民和企业部门）的强制性征税来支持。公共部门包括所有由常设政府机构所控制的常设机构单位：既包括所有广义政府部门，也包括常设公共企业（如图 2－1 所示）。

（二）政府资产负债表

GFSM2014 列出了政府资产负债表应报告的项目和主要内容。如，资产项下分列非金融资产和金融资产两大项。非金融资产项细分为固

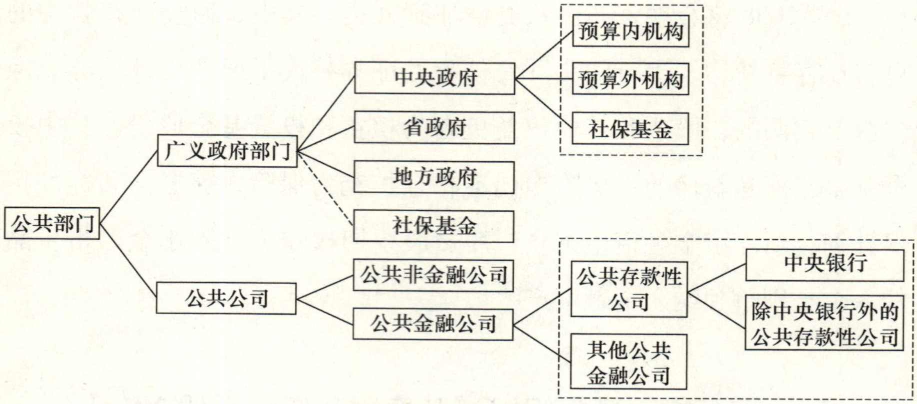

图 2－1　广义政府、公共部门的组成

注：州和地方政府也可能包含预算内、预算外单位。

资料来源：《政府财政统计手册 2014》，作者自制。

定资产、存货、贵重物品、非产出资产等分项；金融资产项细分为货币黄金和特别提款权，货币和存款，债务证券，贷款，股权和投资基金份额，保险、养老金、标准化担保计划，金融衍生品和员工股票期权等分项（表 2－3、表 2－4 所示）。在这些分项下面，还有更细的科目设置。例如，知识产权产品（61132）分项下包括研发（611321）、矿产开采和评估（611322）、计算机软件和数据库（611323）、娱乐文化和艺术原创品（611324）及其他知识产权产品（611325）等。

表 2－3　　非金融资产分类

编　号	项　目
61	非金融资产
611	固定资产
6111	建筑和构造物
61111	住宅
61112	住宅外的建筑
61113	其他结构
6112	机械和设备
61121	交通设备

续表

编　号	项　目
61122	机械和交通设备以外的设备
6113	其他固定资产
61131	养殖的生物资源
61132	知识产权产品
6114	武器系统
612	存货
61221	材料和补给
61222	中间品
61223	制成品
61224	返售商品
61225	军事存货
613	贵重物品
614	非产出资产
6141	土地
6142	矿产和能源资源
6143	其他自然产生的资产
61431	非养殖生物资源
61432	水资源
61433	其他自然资源
6144	无形非产出资产
61441	合同、租约、许可
61442	商誉和营销资产

资料来源：《政府财政统计手册2014》。

表2－4　　　　金融资产和金融负债分类

62	金融资产	63	金融负债
6201	货币黄金和特别提款权	6301	特别提款权
62011	货币黄金		
62012	特别提款权（SDRs）		
6202	货币和存款	6302	货币和存款

续表

6203	债务证券	6303	债务证券
6204	贷款	6304	贷款
6205	股权和投资基金份额	6305	股权和投资基金份额
62051	股权	63051	股权
62052	投资基金份额或单位	63052	投资基金份额或单位
6206	保险、养老金、标准化担保计划	6306	保险、养老金、标准化担保计划
62061	非寿险技术储备	63061	非寿险技术储备
62062	寿险和年金应得权益	63062	寿险和年金应得权益
62063	养老金应得权益	63063	养老金应得权益
62064	养老基金对养老金管理者的权利要求	63064	养老基金对养老金管理者的权利要求
62065	对标准化担保计划下要求的准备金	63065	对标准化担保计划下要求的准备金
6207	金融衍生品和员工股票期权	6307	金融衍生品和员工股票期权
62071	金融衍生品	63071	金融衍生品
62072	员工股票期权	63072	员工股票期权
6208	其他账户应收	6308	其他账户应收
62081	贸易信贷和预付款	63081	贸易信贷和预付款
62082	杂项其他账户应收款	63082	杂项其他账户应收款
621	国内	631	国内
6212 ~ 6218	以上分类相同的工具，除货币黄金和特别提款权	6312 ~ 6318	以上分类相同的工具，除货币黄金和特别提款权
622	国外	632	国外
6221 ~ 6228	以上分类相同的工具	6321 ~ 6328	以上分类相同的工具

资料来源：《政府财政统计手册 2014》。

GFSM2014 政府资产负债表还需要列出备注说明（如表 2 – 5 所示）。其中包括或有显性负债和因社保福利产生的隐性负债。因社保引起的或有显性负债和隐性债务还应单列出一张表进行分析。将显性或有负债和隐性负债单列有助于将其与政府直接显性负债区分开，有助于更准确地分析研判中长期财政风险和负担、制定应对措施。

表 2－5　　资产负债表的备注分类

6M2	净金融价值
6M3	总债务市值
6M4	总债务名义价值
6M35	总债务账面价值
6M36	净债务市值
6M37	净债务名义价值
6M38	净债务账面价值
6M391	特许贷款名义值
6M392	因特许利率下贷款产生的隐性转移
6M5	欠款
6M6	显性或有负债
6M61	公开担保债务
6M62	其他一次性担保
6M63	其他类显性或有债务
6M7	因社保福利而产生的净隐性债务
6M8	不良贷款资产公允价值
6M81	不良贷款资产名义价值

资料来源：《政府财政统计手册 2014》。

（三）资产负债的价值计量方法

GFSM2014 对政府资产负债的价值计量主要采用三种办法：市场上可观察到的价值、从积累和重新估值交易中得到的价值（如重置价值）、未来收益的现值，也就是人们常说的市场价值法、重置价值法和现值法。具体采用哪种价值计量方法，要依据资产、负债的种类和来源等情况而定。这里列举一例进行说明：知识产权产品中的计算机软件和数据库，如果是从外单位购买的，应按应付价格计值；如果是本单位开发的，应按生产成本计值（如果是由公共企业生产，还应包括一定资本回报）；早年获得的软件和数据库仍未完全勾销的应按当前价格重新估值。

（四）GFSM2014 与 GFSM2001 关于资产负债表的区别

1. 部门的界定和范围

GFSM2014 对广义政府部门和公共部门的范围给出了更加详细的划分。其中，GFSM2014 对中央政府进行了更详细的分类，主要包括预算内机构（Budgetary）和预算外机构（Extrabudgetary）两部分，其中预算外机构是那些拥有独立收入来源但仍然受政府控制、其预算同样也受到立法机构的批准和监督的实体，该实体同样也是政府职能的延伸。GFSM2014 对公共公司的定义进行了更加详细的说明，并且对公共金融公司的构成进行了修订。在 GFSM2014 中公共金融公司包括公共存款性金融公司和其他公共金融公司两部分，而在公共存款性金融公司中又划分为中央银行和除中央银行以外的公共存款性公司。此外，新版本还澄清了企业单位和事业单位的定义及二者区别，以及增加有关如何区别公司和政府单位的指南，并详细说明金融公司部门和非金融公司部门的定义和识别问题等。

2. 资产/负债统计范围的修订

GFSM2014 对经济所有权和法律所有权进行了区分，并强调资产负债表应以经济所有权为标准进行划分，对于那些无法行使所有权或无法带来经济利益的资产应排除在统计范围之外，同时只有显性的直接债务才能纳入资产负债表的统计范围，隐性和或有负债不在核算范围之内。

此外，GFSM2014 对部分非金融资产、金融资产和负债的统计处理做出修订，其中在非金融资产中主要涉及武器设备系统、固定资产、培育生物资源、知识产权产品、土地、矿物和能源资源、其他自然资产、无形资产等，而在金融资产和负债中主要涉及债务性证券、货币和存款、贷款、金融租赁、黄金互换、证券回购协议、股票和投资基金份额、金融衍生产品以及保险、养老金和标准化担保计划准备金等。

3. 备忘项目的扩展

GFSM2014 对政府资产负债表的备忘项目进行了扩展，重点扩展了对政府或有债务的统计，新增了净金融资产的统计，对总债务和净债务的市场价值、名义价值和账面价值进行了区分，新增了优惠贷款及优惠贷款利率导致的隐性转移支付，详细划分了明确的或有负债包括政府担保的债券、其他一次性担保和其他类别的明确的或有负债。此外，社保基金的净隐性负债以及不良资产的公允价值名义价值也被纳入到备忘项目中。

四、国际机构与 SNA 关于资产负债表编制方法的区别

在国民经济核算体系公布以后，许多国际组织都根据国民经济核算体系相继制定并公布了符合自己需要的国家或部门资产负债表的分类和定义。欧盟委员会在 1995 年公布了欧洲国家和地区账户体系（The European System of National and Regional Accounts，ESA95）来替代 1970 年公布的欧洲综合经济账户体系（The European System of Integrated EconomicAccounts，ESA1970）。ESA95 完全符合修订后的 SNA1993，但其更专注于欧盟国家的经济环境和数据需求，可以说是一个只针对欧盟成员国的国民经济核算体系。在这之后，OECD 从 20

世纪 90 年代中期也开始相继公布其成员国国家和部门资产负债表，其资产负债表分类和定义基本遵从于国民经济核算体系但略有不同。其公布的成员国非金融资产数据大多数都可以追溯到 1995 年，而金融资产可以追溯到 90 年代初期。

随着社会经济的发展，特别是 2008 年国际金融危机的爆发，对政府财政统计的透明性与数据质量提出了新的要求。此外，随着宏观经济统计的基础性框架 SNA2008 等正式修订出版，出于一致性的要求，IMF 启动了对 GFSM2001 的修订工作。2014 年 3 月 IMF 正式发布了最新修订的《2014 年政府财政统计手册》（《Government Finance Statistics Manual 2014》）。该手册由 IMF 统计部门（IMF Statistics Department）编著，这是在 2001 年基础上修订的第三版，其中指标的分类与定义同 SNA2008 相统一，内容涵盖 IMF 编制的其他手册，如《国际收支平衡手册》（《Balance of Payments Manual》）、《货币金融统计手册》（《The Monetary and Financial Statistics Manual》）和《季度国民账户手册》（《Quarterly National Accounts Manual》）等。GFSM2014 所做修订主要包括三类：（1）基于 SNA2008 及 BPM6 的主要变化，对原体系概念分类做出调整及由此引发的财政统计方法修订；（2）对原体系中部分表述进行修订；（3）对原体系文本结构与编辑方面做出修订。此次修订也考虑了 2001 年以来国际经济领域的新发展、新现象和新情况，在基本概念、定义和惯例方面与其他宏观经济统计的一致性进一步增强。

在 OECD 所公布的资产负债表中，非金融资产中的一级和二级分类与 SNA2008 是相同的。但是在固定资产中，OECD 将其分为有形固定资产和无形固定资产，而在非生产资产中分为有形非生产资产和无形非生产资产。此外，在固定资产和存货中均不包括军队资产，固定资产中不包括土地改良，而合约、租约和许可以及商誉和营销资产两项由无形非生产资产替代，总体来看 OECD 公布的非金融资产与 SNA2008 基本一致。在金融资产和负债中，货币黄金和特别提款权只列入金融资产中，而未列入金融负债中；金融衍生工具没有单列，而列入了非股票证券；雇员股票期权未列入资产负债表。

根据 IMF 公布的 GFSM2014，整理并得到了表 2－6 中的资产负债表。在非金融资产中，没有按照 SNA2008 将非金融资产分为生产资产和非生产资产，而是直接将其分为固定资产、存货、贵重物品和非生产资产四部分。其中，军队资产和存货没有单列出来，而是直接记入与其相对应定义相同的项目上；战略储备被单独列为一项，而不是如 SNA2008 列入供转售的货物。在金融资产/负债中，指标分类与 SNA2008 基本相同，只是不包括雇员股票期权。此外，GFSM2014 资产负债表最大的特点是将金融资产/负债分为国内和国外两个部分。尽管 GFSM2014 只针对公共部门，但是其将金融资产/负债分为国内和国外的这种做法，仍具有非常高的借鉴意义。在公共部门资产负债表中分别记录国内和国外的金融资产/负债，说明 IMF 非常重视金融国际化对公共部门影响。正如许多学者曾指出，近些年来发生的国际范围的经济危机金融危机，基本上来自于一国的国外部门，很少有国家因为国内经济不稳定而陷入经济危机，因此世界各国应该更加重视资本的国际间流动。而在部门资产负债表中将国外金融资产/负债单独列出，可以更早地发现问题，预防期限错配风险、货币错配风险、资本结构不匹配和偿付能力风险等，是对现有国家（部门）资产负债表很好的补充，弥补只有一个国家层面的国外部门资产负债表的不足。而在备忘项目中，记录着与资产负债表息息相关但却无法计入资产负债表的项目，在 GFSM2014 中包括自有账户资本形成，金融净值、债务的市场价值和名义价值、拖欠、社会保障福利负债、或有合同、国

表 2－6　　国际机构资产负债表分类表

国民经济核算体系（SNA2008）	欧盟委员会（ESA95）	经济合作发展组织（OECD）	国际货币基金组织（GFSM）
非金融资产	**非金融资产**	**非金融资产**	**非金融资产**
生产资产	**生产资产**	**生产资产**	
固定资产	**固定资产**	**固定资产**	**固定资产**
	有形固定资产	有形固定资产	
住宅	住宅	住宅	建筑物和构筑物
其他建筑和构筑物	其他建筑物和构筑物	其他建筑和构筑物	住宅
非住宅建筑	非住宅建筑物	非住宅建筑	非住宅建筑物
其他构筑物	其他构筑物	其他构筑物	其他构筑物
土地改良			
机器和设备	机器和设备	机器和设备	机器和设备
交通设备	交通设备		交通设备
ICT 设备	其他机器和设备		其他机器和设备
其他机器和设备			
武器系统			
培育性生物资源	培育性生物资源	培育性生物资源	其他固定资产
	养殖的奶牛、牲畜等		
重复提供产品的动物资源	葡萄园、果园和其他可复		培育性生物资源

续表

国民经济核算体系（SNA2008）	欧盟委员会（ESA95）	经济合作发展组织（OECD）	国际货币基金组织（GFSM）
重复提供产品的林木、庄稼和植物资源	可重复生产种植的树木		
知识产权产品	无形固定资产	无形固定资产	无形固定资产
研究和开发	矿产勘探和评估	矿产勘探和评估	
矿藏勘探和评估	计算机软件	计算机软件	
计算机软件和数据库	娱乐、文化和艺术品原件	娱乐、文化或艺术品原件	
娱乐、文化或艺术品原件	其他无形固定资产	其他无形固定资产	
其他知识产权产品			
存货	**存货**	**存货**	**存货**
材料和用品	材料和用品		战略储备
在制品	在制品		其他存货
培育性生物资产的在制品	培育性资源在制品		材料和用品
其他在制品	其他在制品		在制品
制成品	制成品		制成品
军事存货	供转售的货物		供转售的货物
供转售的货物			
贵重物品	**贵重物品**	**贵重物品**	**贵重物品**
贵金属和宝石	贵金属和宝石		

续表

国民经济核算体系（SNA2008）	欧盟委员会（ESA95）	经济合作发展组织（OECD）	国际货币基金组织（GFSM）
古董和其他艺术品	古董和其他艺术品		
其他贵重物品	其他贵重物品		
非生产资产	**非生产资产**	**非生产资产**	**非生产资产**
自然资源	有形非生产资产	有形非生产资产	土地
土地	土地	土地	地下资源
矿产和能源储量	与建筑物和构筑物相关的土地	地下资源	其他自然资源
非培育性生物资源	种植的土地	非培育性生物资源和水资源	无形非生产性资产
水资源	娱乐用地和相关的地表水	无形非生产资产	
其他自然资源	其他土地和相关的地表水		
无线电频谱	地下资源		
其他	煤炭、石油和天然气资源储量		
合约、租约和许可	金属矿产资源储量		
可转让的经营租赁	非金属矿产资源储量		
自然资源使用许可	非培育性生物资源		
从事特定活动的许可	水资源		
货物和服务的未来排他性权利	无形非生产资产		
商誉和营销资产	专利技术实体		
	租约和其他可转让合同		
	商誉		
	其他无形非生产资产		

续表

国民经济核算体系（SNA2008）	欧盟委员会（ESA95）	经济合作发展组织（OECD）	国际货币基金组织（GFSM）
金融资产/负债	**金融资产/负债**	**金融资产/负债**	**金融资产**
货币黄金和特别提款权	货币黄金和特别提款权	货币黄金和特别提款权	国内
货币黄金	货币黄金	通货和存款	通货和存款
特别提款权	特别提款权	现金	非股票证券
通货和存款	通货和存款	可转让存款	贷款
通货	通货	其他存款	股票和其他权益
可转让存款	可转让存款	非股票证券	保险准备金
银行间头寸	其他存款	非股票非金融衍生工具证券	金融衍生工具
其他可转让存款	非股票证券	短期证券	其他应收款
其他存款	非股票非金融衍生工具证券	长期证券	国外
债务性证券	短期证券	金融衍生工具	通货和存款
短期	长期证券	贷款	非股票证券
长期	金融衍生工具	短期贷款	贷款
贷款	贷款	长期贷款	股票和其他权益
短期	短期贷款	股票和其他权益	
长期股权和投资基金份额	长期贷款	除共同基金份额外股票和其他权益	保险准备金
	股票和其他权益	上市公司股份	金融衍生工具
股权	除共同基金份额外股票和其他权益	非上市公司股份	其他应收款

续表

国民经济核算体系（SNA2008）	欧盟委员会（ESA95）	经济合作发展组织（OECD）	国际货币基金组织（GFSM）
上市股票	上市公司股份	其他权益	货币黄金和特别提款权
非上市股票	非上市公司股份	共同基金份额	**金融负债**
其他股权	其他权益	保险准备金	国内
投资基金份额	共同基金份额	居民寿险和养老金储备净值	通货和存款
货币市场基金股份	保险准备金	预付保费和未决赔款准备金	非股票证券
其他投资基金份额	居民寿险和养老金储备净值	其他应收款	贷款
保险、养老金和标准化担保计划	预付保费和未决赔款准备金	贸易贷款和预付款	股票和其他权益
非寿险专门准备金	其他应付款	除贸易贷款和预付款外其他应收款	
寿险和年金权益	贸易贷款和预付款		保险准备金
养老金权益	除贸易贷款和预付款外其他应付款		金融衍生工具
养老金经理人的养老金债权			其他应付款
非养老保险金权益			国外
标准化担保代偿准备金			通货和存款
金融衍生工具和雇员股票期权			非股票证券
金融衍生工具			贷款
期权			股票和其他权益
远期			保险准备金

续表

国民经济核算体系（SNA2008）	欧盟委员会（ESA95）	经济合作发展组织（OECD）	国际货币基金组织（GFSM）
雇员股票期权			金融衍生工具
其他应收/应付款			其他应付款
商业信用和预付款			
其他应收/应付款			
备忘项目	**备忘项目**		**备忘项目**
外商直接投资	耐用品消费		净金融价值
不良贷款	外商直接投资		总债务市值
耐用品消费			总债务名义价值
			总债务账面价值
			净债务市值
			净债务名义价值
			净债务账面价值
			特许贷款名义值
			因特许利率下贷款产生的隐性转移
			欠款
			显性或有负债
			公开担保债务
			其他一次性担保

资料来源：《国民经济核算体系 2008》、欧盟统计局网站、OECD 网站和《2014 年政府财政统计手册》。

际储备及外币流动性和非资本化的军事武器和武器运送系统。债务是指除股票和其他权益以及金融衍生工具以外的所有负债，由于债务的当前价值和名义价值在有些时候差异很大，为更好地管理政府债务，IMF 建议对债务以上面两种方式分别估计其价值。社会保障福利负债是指由于政府对未来社会保障支付有承诺，但是社会保障支付被看作转移支付而非负债，因此有必要将未来的社会保障支付的现值记录在备忘项目中。或有合同是指产生对一个单位的有条件的金融债权的合同，即只有在一定条件发生时债权才有效，或有合同可以被看作是潜在的资产或负债。因此，在编制和分析资产负债表时，应该对备忘项目采取足够的重视。

ESA95 中的资产负债表，从部门的划分上看与 SNA2008 是一致的，只是在子部门的划分上有一些差别。其中，在金融公司部门划分上，ESA95 只包括中央银行、其他存款性金融机构、除保险公司和养老基金以外的金融机构、金融辅助机构以及保险公司和养老基金五类；而在住户部门子部门划分上，SNA2008 给出了三种划分方法，各国根据自己的需求来划分，而 ESA95 则选择了按主要收入来源划分，并将住户部门分为雇主（包括自营工作者）、雇员、依靠财产性收入者、依靠养老金收入者、依靠其他转移支付收入者和其他收入者六大类；在一般政府部门划分上，ESA95 采取的是将社会保障基金单列出来，与三级政府部门共同组成一般政府部门。从内容上看与 SNA2008 和 OECD 基本相同，只是有些分类更为详细。

可见，尽管各个国际组织公布的资产负债表均遵从于 SNA2008，但其内容却并非完全一样，可谓各具特色，这也使我们得到了很多启发。第一，必须要遵从国际标准，编制可以进行国际间比较的国家资产负债表。尽管各个国际组织成员国组成不同，如 OECD30 个成员国多为发达国家，ESA95 均为欧盟国家，IMF188 个成员国既包括发达国家也包括发展中国家，但是其公布的国家资产负债表均在 SNA2008 框架下，使得各国可以在一个相同的框架下进行比较。第二，必须要针对本国的国情，编制能够反映本国经济状况的资产负债表。ESA95 是在欧盟委员会指导下针对欧盟成员国经济社会特点编制的，如将社会保障基金单列出来与三级政府部门共同组成一般政府部门，住户部门按收入来源划分子部门等均是针对欧盟成员国的特点来编制的。第三，不仅要重视对资产负债表的编制，同时还要重视对备忘项目的编制。GFSM2014 中备忘项目涉及政府债务的价值变动，或有负债和社会保障福利负债，这对当前我国经济状况具有很高的实际意义，应该得到足够的重视。第四，在数据条件允许的情况下，应将部门资产负债表分为国内和国外两个部分，以更好地预防来自外部的金融风险。

第三章

主要国家的国家（政府）资产负债表编制及应用

一、G20 国家资产负债表编制的现状

（一）G20 中发达国家资产负债表的现状

1. 编制主体情况

9 个主要发达国家[①]中，目前由其国家统计局来编制国家资产负债表的有 8 个国家[②]，包括澳大利亚、加拿大、法国、德国、意大利、日本、韩国和英国。

9 个主要发达国家中，目前由中央银行来编制央行部门资产负债表的包含全部 9 个国家；由财政部来编制政府部门资产负债表的有美国。

---

① 主要发达国家包括澳大利亚、加拿大、法国、德国、意大利、日本、韩国、英国和美国，国家顺序按国家首字母排序（下同）。

② 本部分数据来源于 IMF 的《A Status on the Availability of Sectoral Balance Sheets and Accumulation Accounts in G-20 Economies》会议文件和附件中主要发达国家国家资产负债表的分国别报告。

2. 账户设置标准

9 个主要发达国家中，目前采用联合国国民账户体系（SNA）标准的有 3 个国家，包括日本、韩国、美国。

9 个主要发达国家中，目前采用欧洲国民账户体系（ESA）标准的有 4 个国家，包括英国、法国、德国、意大利。另外，澳大利亚采用澳大利亚国民账户体系（ASNA）标准；加拿大采用加拿大国民账户体系（CSNA）标准。其中，ESA、ASNA、CSNA 都是基于 SNA 的标准而来。

3. 账户数据

9 个主要发达国家中，所有 9 个国家都设有非金融资产和负债账户，同时也都设有金融资产和负债账户。

对于非金融资产和负债账户，9 个主要发达国家中，只有法国统计了 SNA 所有资产类型，澳大利亚、加拿大、日本、美国仅未统计贵重金属财产，英国仅未统计自然资源，德国仅统计了部分资产，意大利和韩国仅统计了固定资产。

对于金融资产和负债账户，9 个主要发达国家中，所有 9 个国家都统计了 SNA 所有金融项目。

对于非金融资产和负债数据，9 个主要发达国家中，除意大利外，其他 8 个国家都统计了分部门的非金融资产和负债数据。

对于金融资产和负债数据，9 个主要发达国家中，所有 9 个国家都统计了分部门的金融资产和负债数据。

对于非金融资产和负债数据，9 个主要发达国家中，除澳大利亚、加拿大、美国按季度发布数据外，其他 6 个国家都按年度发布数据。

对于金融资产和负债数据，9 个主要发达国家中，所有 9 个国家都按季度发布数据。

4. 内容和形式

G20 中的发达国家主要按照联合国国民账户体系（System of National Accounts，SNA）进行编制，资产包括金融资产和非金融资产，负债只包括金融负债。其中非金融资产由生产性资产和非生产性资产构成，金融资产和负债由各金融工具构成。

表 3-1　　SNA 体系下关于科目划分的最小标准

非金融资产	金融资产和负债
生产性资产	黄金和特别提款权
固定资产	通货和存款
存货	可转移存款
贵重财产	其他存款
非生产性资产	债券
自然资源	贷款
合同，契约和特许证	权益和投资基金股份
	保险，养老金和标准担保计划
	金融衍生品和职工股票期权计划
	其他应收应付项目

资料来源：SNA2008。

按照 SNA 划分机构部门的最小标准，基本的国民经济部门包括：（1）金融企业部门；（2）非金融企业部门；（3）一般政府部门；（4）家庭部门和非营利机构；（5）其他。

就金融资产和负债来说，所有 G20 国家中的发达国家都发布了至少包括 SNA 体系中的各个部门和金融工具分类的数据。而 G20 国家中的发展中国家中只有墨西哥发布了相关数据。

就非金融资产来说，除意大利外的所有的 G20 发达国家都发布了使用 SNA 体系的主要部门划分和资产分类的数据。而 G20 发展中国家中只有阿根廷、印度和南非有部分相关非金融资产的数据。

（二）G20中发展中国家资产负债表编制情况介绍

从表3-2及表3-3中所列出的G20发展中国家资产负债表编制的情况可以看出以下几点。

（1）所有的G20国家中的发展中国家都没有发布完整的部门资产负债表和国家资产负债表总表。

（2）G20国家中的发展中国家，只有墨西哥每年发布政府部门和家庭部门的金融资产负债表数据（尽管OECD会发布所有部门的相关数据）。阿根廷、印度和南非每年会发布除了非生产性资产和贵重财产外的某些资产分类的非金融资产的存量数据。

（3）"金砖"四国中，中国、印度和巴西编制国家资产负债表的条件较优，而俄罗斯作为发展中国家的重要成员，尽管没有编制完整的国家资产负债表，但前苏联编制了国家资产负债表总表。

（三）G20国家资产负债表编制存在的问题

G20国家中虽然有些国家编制了分部门资产负债表和国家资产负债表总表，但详细程度和综合性还有待提高，主要表现在以下方面。

（1）国与国之间的资产负债表之间缺乏可比性。由于不同国家之间汇率不同，物价水平不同；不同国家之间对资产负债的分类存在差别，大部分国家的分类都与SNA最小标准存在或多或少的差别；不同国家之间资产负债项目覆盖和包括的范围不同，这使得不同国家的资产负债水平并不具有可比性。

（2）在时间维度上资产负债表之间的可比性也相当有限。比较不同年份的资产负债水平实际应该采用的是不变价格，但目前只有澳大利亚、法国、日本和美国做到了这一点。

（3）包含存量、交易和流量的积累账户和整合的资产负债表编制

表 3－2 主要发展中国家金融资产和负债数据情况

	资产负债表					交易				其他流量变化	重估值
	总经济体	SNA主要机构部门	SNA 主要金融工具	频率	部门或者金融工具的进一步细分	总经济体	SNA主要机构部门	SNA主要金融工具	频率		
阿根廷	无	无	无	无	无	无	无	无	无	无	无
巴　西	无	无	无	无	无	有	无	部分工具	按季度	无	无
中　国	无	无	无	无	无	有	所有部门	部分工具	按年度	无	无
印　度	无	无	无	无	无	有	分类不同	部分工具	按年度	无	无
印度尼西亚	无	无	无	无	无	有	分类不同	部分工具	按季度	无	无
墨西哥	有	所有部门	所有工具	按年度	无	有	所有部门	所有工具	按年度（对总经济体按季度）	无	无
俄罗斯	无	无	无	无	无	无	无	无	无	无	无
沙特阿拉伯	无	无	无	无	无	无	无	无	无	无	无
南　非	无	无	无	无	无	有	所有部门	所有工具	按年度	无	无
土耳其	无	无	无	无	无	无	无	无	无	无	无

资料来源：CONFERENCE ON STRENGTHENING SECTORAL POSITION ANDFLOW DATA IN THE MACROECONOMIC ACCOUNTS。

表 3－3　　主要发展中国家非金融资产和负债数据情况

	资产负债表					交易				其他流量变化	重估值
	总经济体	SNA 主要机构部门	SNA 主要金融工具	频率	部门或者金融工具的进一步细分	总经济体	SNA 主要机构部门	SNA 主要金融工具	频率		
阿根廷	有	无	部分	按年度	一些资产	有	无	部分资产	按季度	无	无
巴西	无	无	无	无	无	有	所有部门	除贵重财产	按年度（有些按季）	无	无
中国	无	无	无	无	无	有	所有部门	除贵重财产	按年度	无	无
印度	有	分类不同	部分	按年度	无	有	分类不同	部分资产	按年度(生产性资产按季)	无	无
印度尼西亚	无	无	无	无	无	有	分类不同	部分资产	按季度	无	无
墨西哥	无	无	无	无	无	有	所有部门	所有资产	按年度(生产性资产按季)	无	无
俄罗斯	无	无	无	无	无	有	无	部分资产	按季度	无	无
沙特阿拉伯	无	无	无	无	无	有	无	所有资产	按年度	无	无
南非	有	无	部分	按年度	无	有	无	部分资产	按季度	无	无
土耳其	无	无	无	无	无	有	无	固定资产	按季度	无	无

资料来源：CONFERENCE ON STRENGTHENING SECTORAL POSITION ANDFLOW DATA IN THE MACROECONOMIC ACCOUNTS。

与发布在不同国家间存在着很大的差异，缺乏居民部门、非金融企业部门和非银行金融机构部门的数据。

二、美国国家资产负债表研究现状以及加州橙县案例

（一）概况

自20世纪50年代起，美国学术界开始对国家资产负债表的编制和运用展开研究。1954年，美国经济研究局学者、耶鲁大学教授Goldsmith在《金融结构在国家财富和国家资产中的份额：1900～1949》一书的附录中，首次概述了国家资产负债表的主要组成部分，将近6000万的家庭、企业和政府单位归类为金融中介机构（Financial Intermediaries）、商业企业（Business Enterprises）、家庭（Households）和政府（Government）这四大部门。① 1955年，Goldsmith在《美国储蓄研究》一书中，首次尝试编制了若干年份的美国国家资产负债表。②

1963年，Goldsmith和Lipsey合作出版了《美国国家资产负债表研究（卷1）》，该书详细介绍了有关国家资产负债表的编制方法，包括部门的划分、资产和负债的分类、资产和负债的估值定价以及各部门报表的合并等多个方面的内容。③ 同年，Goldsmith、Lipsey和Mendelson在《美国国家资产负债表研究（卷2）》一书中，系统地编制了美

① Goldsmith, R. W., "The Share of Financial Intermediaries in National Wealth and National Assets, 1900～1949", Published by NBER, 1954.

② Goldsmith, R. W., 1955, "A Study of Saving in the United States", Princeton University Press, Princeton, New Jersey, 1995.

③ Goldsmith, R. W. and R. E. Lipsey, "Studies in the National Balance Sheet of the United States, Vol. 1", Princeton University Press, Princeton, New Jersey, 1963.

国1900～1958年的国家资产负债表和分部门的资产负债表。①

1982年，Goldsmith又出版了《美国国家资产负债表：1953～1980》一书，进一步更新数据、改进资产负债表的编制方法，编制了1953～1975年的美国国家资产负债表，并对这期间国家资产负债表的变动趋势进行分析。② 另外，此书还介绍了1976～1980年美国国家资产负债表的发展情况，并且对更为广义的国家资产（例如森林资源、地下资源、名胜古迹、人力资本、专利商誉等）进行了探讨。

经过多年研究，Goldsmith在美国国家资产负债表研究领域有一定的权威性，美国的财富存量规划研究团队（Wealth Inventory Planning Study）③ 和国民账户审查委员会（National Accounts Review Committee）④ 在他们的研究成果中，都曾提到Goldsmith是最为系统全面地研究美国国家资产负债表的第一人。

以上为美国学术界在国家资产负债表领域进行研究的进展情况。就美国官方而言，美国政府至今尚未公布完整的美国国家资产负债表及其编制方法，但是部分美国官方机构已经开始定期公布本部门或某些部门的资产负债表，例如美联储每周都会公布本部门的资产负债表，美国国家统计局每年公布家庭部门、农业部门、非金融公司等单个部门的资产负债表。美联储和国家统计局编制的单个部门资产负债表中，作为主栏的资产负债项目主要是依据该部门的经济特征来划分的，因此在项目分类上具有一定的差异。以资产为例，国家统计局公

---

① Goldsmith, R. W., R. E. Lipsey and M. Mendelson, "Studies in the National Balance Sheet of the United States, Vol. 2", Princeton University Press, Princeton, New Jersey, 1963.

② Goldsmith, R. W., "The National Balance Sheet of the United States, 1953～1980", National Bureau of Economic Research Monograph series, Chicago and London: University of Chicago Press, 1982.

③ Wealth Inventory Planning Study, "Measuring the Nation's Wealth", published by NBER, 1964.

④ National Accounts Review Committee, "The National Economic Accounts of the United States: Review, Appraisal, and Recommendations", published by NBER, 1958.

布的农业部门资产包括家畜家禽、机械设备、谷物、购买投入（Purchased Input）和金融资产；家庭部门的资产包括不动产、耐用消费品两项有形资产，以及存款、公司股票、人寿保险等各类金融资产；非金融公司部门的资产包括不动产、设备软件、存货三项有形资产和支票存款、国债、货币市场基金等各类金融资产。①

（二）编制方法

本节将基于Goldsmith在1963年和1982年的研究成果，详细介绍美国国家资产负债表的编制方法。首先，介绍国家资产负债表的主栏——资产负债项目的分类原则，并且列举Goldsmith编制的资产负债项目；其次，对国家资产负债表的宾栏——部门的分类及难点问题进行阐述；最后，介绍Goldsmith对容易受到争议的资产负债项目的具体处理方法。

1. 资产负债项目的分类（主栏）

Goldsmith（1963）在《美国国家资产负债表研究（卷1）》第二章中，详细阐述了在资产负债项目的选择和分类上遵循的原则。

（1）应该包括所有能用货币计价的有市场价值的资产和负债，因此，不包括人力资本和免费的自然资源。

（2）应该统一标准，不应该让经济主体自行决定将哪些项目放入资产负债表，而应该要求所有经济主体在资产负债项目选择和定价上，都遵循国民会计原则（Principles of Social Accounting）。

（3）尽量将资产、负债和权益的项目分得较细，以方便国家资产

① 笔者经过对比，发现国家统计局编制的单个部门资产负债表中涉及的资产负债项目，与Goldsmith编制的整个国家资产负债表中的资产负债项目之间虽然存在细微差别，但总体上来看基本一致，资产负债表的主栏同样是分为有形资产、金融资产、金融负债和权益四大项目。

负债表的使用者根据不同研究目的来自由合并。

（4）鉴于无形资产（Intangible Assets）的复杂性，暂不考虑专利、版权、商标和商誉等无形资产。

（5）不包括现在享受服务、未来支付费用的经济活动，例如融资租赁。

基于上述几点，Goldsmith（1963）在《美国国家资产负债表研究（卷1）》中编制的美国1945～1958年国家资产负债表由四大项目（一级科目）组成：有形资产（Tangible Assets）、金融资产（Intangible Assets）、负债（Liabilities）和权益（Equities）。在二级科目上，有形资产又细分为6项，金融资产细分为20项，负债细分为13项，而权益没有进一步细分。

Goldsmith（1982）在《美国国家资产负债表：1953～1980》一书中编制1975年美国国家资产负债表时，一级科目保持不变，仍然划分为有形资产、金融资产、负债和权益四大项目。但Goldsmith（1982）在二级科目上做出了较大改进，按项目性质进行整合，并且建立了三级科目。他在二级科目将资产分为有形资产（Tangible Assets）和金融资产（Financial Assets），然后在三级科目将有形资产分为土地（Land）和可再生有形资产（Reproducible Tangible Assets），将金融资产分为债权（Claims）和股权（Equities）。至于负债和权益的二级科目和三级科目基本上与资产项目一致，并且保持着一一对应的关系（见表3－4）。

Goldsmith（1982）编制的美国1975年资产负债表与Goldsmith（1963）编制的1958年美国国家资产负债表相比，资产负债项目的二级科目分类更加细化、条理更加清晰。与Goldsmith（1963）在资产负债表二级科目简单地罗列资产负债项目不同，Goldsmith（1982）在划

表 3－4　　1975 年美国国家资产负债表的资产负债项目

资　产	负债和权益
1. 有形资产（Tangible assets）	
1.1 土地（Land）	
1.2 可再生资产（Reproducible assets）	
1.2.1 建筑物（Structures）	
1.2.2 耐用消费品（Consumer durables）	
1.2.3 机器设备（Equipment）	
1.2.4 存货（Inventories）	
2. 金融资产（Financial assets）	3. 金融负债（Financial assets）
2.1 存款（Deposits with financial institutions）	3.1 存款（Deposits）
2.1.1 活期存款和现金（Demand deposits and currency）	3.1.1 活期存款和现金（Demand deposits and currency）
2.1.2 定期及储蓄存款（Time and saving deposits）	3.1.2 定期及储蓄存款（Time and saving deposits）
2.1.3 黄金和外汇（Gold and foreign exchange）	
2.2 保险和养老金储备（Insurance and pension reserves）	3.2 保险和养老金储备（Insurance and pension reserves）
2.3 债券（Bonds）	3.3 债券（Bonds）
2.3.1 美国政府债券（U. S. government securities）	3.3.1 美国政府债券（U. S. government securities）
2.3.2 地方政府债券（State and local government securities）	3.3.2 地方政府债券（State and local government securities）
2.3.3 美国机构债券（U. S. agency securities）	3.3.3 美国机构债券（U. S. agency securities）
2.3.4 公司和外国债券（Corporate and foreign bonds）	3.3.4 公司和外国债券（Corporate and foreign bonds）
2.4 抵押贷款（Mortgages）	3.4 抵押贷款（Mortgages）
2.5 贷款（Loans）	3.5 贷款（Loans）
2.5.1 银行贷款（Bank loans n. e. c. ）	3.5.1 银行贷款（Bank loans n. e. c. ）
2.5.2 消费信贷（Consumer credit）	3.5.2 消费信贷（Consumer credit）

续表

资 产	负债和权益
2.5.3 其他贷款（Other loans）	3.5.3 其他贷款（Other loans）
2.6 商贸信贷（Trade credit）	3.6 商贸信贷（Trade credit）
2.7 其他	3.7 其他
2.7.1 公开市场票据（Open-market paper）	3.7.1 公开市场票据（Open-market paper）
2.7.2 其他	3.7.2 其他
	负债总计（All liabilities）
	4. 权益（equities）
2.8 非公司企业的股份（Equity in unincorporated business）	4.1 非公司企业的股份（Equity in unincorporated business）
2.8.1 农业企业股份（Farm business equity）	
2.8.2 非公司非农企业的股份（Unincorporated nonfarm equity）	
2.9 公司股票（Corporate stock）	4.2 公司股票（Corporate stock）
2.10 直接外国投资（Direct foreign investment）	4.3 直接外国投资（Direct foreign investment）
2.11 信托基金权益（Equity in trust funds）	4.4 信托基金权益（Equity in trust funds）
2.11.1 公共信托基金（Common trust funds）	4.4.1 公共信托基金（Common trust funds）
2.11.2 个人信托基金（Individual trust funds）	4.4.2 个人信托基金（Individual trust funds）
资产总计（Total assets）	权益总计（All equities）
净财富（Net wealth）= 资产 -（负债 + 权益）	

注：上表根据《美国国家资产负债表：1953～1980》第四章《1975 年美国国家资产负债表》中的表 11 和表 12，由笔者整理得出。

分出有形资产、金融资产、金融负债和权益四个一级科目后，按照一定的逻辑关系将二级科目和三级科目的各个资产负债项目进行归类整合，甚至在三级科目下建立了资产与负债、资产与权益的一一对应关系（如表 3－4 所示，2.1～2.7 对应金融负债，2.8～2.11 对应权益），这是值得我们学习与借鉴的。

2. 部门的分类（宾栏）

Goldsmith 在 1963 年首次系统地编制美国国家资产负债表时，划分出了 7 个部门，它们分别为非农业家庭部门（Nonfarm Households）、非农非公司化的企业部门（Nonfarm Unincorporated Business）、农业部门（Agriculture）、非金融的公司部门（Nonfinancial Corporations）、金融机构（Finance）、联邦政府（Federal Government）、州和地方政府（State and Local Governments）。其中，金融机构下又划分出 13 个子部门。

Goldsmith（1963）在《美国国家资产负债表研究（卷 1）》中提出，部门的分类应该遵循“被同一决策主体控制的资产和负债应该放在同一个部门”的原则，但实际操作时仍面临以下几个难点问题。

（1）非农业家庭部门理想状态下应该仅包括消费者单位（Consumer units）的数据，但由于当时家庭部门数据与非营利性机构（Nonprofit institution）的数据并未区分开，因此非农业家庭部门中包括了非营利性机构①。

（2）农场和非公司化企业的经济活动很难与家庭经济活动区别开来，因为农场主和企业主家庭的资产负债结构在很大程度上往往依赖于农场和企业的资产负债情况。Goldsmith 经过权衡最终决定在非农业部门区分家庭和企业的资产负债，而在农业部门并不区分家庭和企业的资产负债，即划分出非农业家庭、非农非公司化的企业和农业（Agriculture）这 3 个部门。

（3）联邦政府拥有的金融机构和非金融企业面临着应该放入联邦

① Goldsmith（1963）定义非营利性机构包括教育机构、教堂、医院、基金会、工会、互助组织（fraternal organizations）和慈善机构。

政府部门还是放入金融机构或非金融企业的问题，放入后者有利于更好地对金融活动进行分析，但是违背了“被同一决策主体控制的资产和负债应该放在同一个部门”的原则。最后Goldsmith将联邦政府拥有的非金融企业都纳入联邦政府部门；考虑到邮政储蓄系统（Postal Savings System）、政府贷款机构（Government Lending Agencies）、联邦土地银行（Federal Land Banks）、联邦住宅贷款银行（Federal Home Loan Banks）的资产负债数据与联邦政府其他资产负债数据具有可比性，Goldsmith将这四者的数据纳入联邦政府部门；而将联邦保险退休基金（The Insurance And Retirement Funds of The Federal Government）、财政部货币基金（The Treasury Monetary Funds）和联邦储备银行（Federal Reserve Banks）放入金融部门。

（4）联邦政府的资产负债表中不包括军事资产（Military Assets）。

Goldsmith（1982）编制的1975年国家资产负债表与1958年国家资产负债表在部门划分的处理原则上并无太大差异，不过他进一步将非营利性机构从家庭部门中划分出来成为一个独立的部门，同时还增加了一个新的部门——国外部门的资产负债情况（见表3－5）。

表3－5　1975年美国国家资产负债表——各部门净资产统计　单位：十亿美元

部门（sector）	金额	百分比
家庭部门（Households）	5640	40.9
非营利性机构（Nonprofit Institution）*	243	1.8
农业部门（Farm Business）	539	3.9
非农非公司化的企业（Unincorporated Nonfarm Business）	671	4.9
非金融的公司部门（Nonfinancial Corporations）	2144	15.6
联邦政府（Federal Government）	535	3.9
州和地方政府（State and Local Governments）	1178	8.5

续表

部门（sector）	金额	百分比
金融机构（Financial Institutions）	2637	19.1
国外部门（Rest of The World）*	199	1.4
总计	13786	100.0

注：*标注的部门为1958年国家资产负债表没有的，而1975年国家资产负债表新增的部门。

3. 具有争议性资产负债项目的处理

Goldsmith（1982）在《美国国家资产负债表：1953～1980》一书中，深入讨论了9项容易引起争议的资产负债项目的处理，它们分别是森林资源（Standing Timber）、渔猎资源（Fish and Game）、收藏品（Collector Items）、国家文物古迹（National Monuments）、地下资源（Subsoil Assets）、研发支出（Research and Development Expenditures）、专利版权和商誉（Patents、Copyrights and Goodwill）、非基金式养老保险（Unfunded Pension Claims）和人力资本（Human Capital）。鉴于这9个项目的争议性，Goldsmith（1982）并未将它们列入他所编制的国家资产负债表中，而是在该书的第7章中，详细讨论这9个项目如何估值定价，以及如果将它们纳入国家资产负债表，会引起资产负债表发生多大的变化。

Goldsmith（1982）基于一些学者的研究成果，指出渔猎资源、国家文物古迹、专利版权和商誉即使能够估计出货币价值，与已有的国家资产负债表中的国家资产价值相比，金额十分微小，因而可以在编制国家资产负债表时忽略不计。而人力资本不管采用教育投入积累法还是未来劳动力价格贴现法，估计出来的人力资本价值都十分巨大，这将使已有国家资产负债表中非人力资产的价值变动的研究变得没有意义，因而也不将人力资本纳入国家资产负债表。

Goldsmith（1982）认为非基金式养老保险原则上应该纳入国家资产负债表，但是由于未来各个因素变数太大，仅能得到一个不太准确的估值，因此未纳入国家资产负债表。在第7章中，Goldsmith基于一些学者（Shoven，1976；Munnell和Connolly，1976；Munnell，1977）的估计结果，计算得出非基金式养老保险作为家庭资产的价值为标准定义下国家资产价值的24.3%，同时还发现作为非基金式养老保险的负债方，联邦政府的负债金额最多，州和地方政府次之，私人养老机构最少。

对于森林资源和收藏品，Goldsmith采用一定的方法进行了十分粗略的估值，而对于地下资源和研发支出，Goldsmith采用了其他学者的估值结果。经过上述对9项具有争议性项目的处理，并将它们的估值金额加到之前编制的资产负债表中后，Goldsmith发现1975年广义国家资产负债表中的国家资产金额比标准定义下的国家资产金额高33.7%。

（三）加州橙县政府资产负债表编制的情况

橙县（Orange County）位于美国加利福尼亚州南部，西临太平洋，北面与洛杉矶县接壤，南面与圣地亚哥县接壤，是大洛杉矶区的一部分。橙县面积2455平方公里，人口300多万，家庭中位数收入为8.4万美元。无论是在加州地区，还是在美国，橙县都是一个人口众多、经济比较发达，居民相对富裕的县。

橙县财政公开的内容主要包括：综合年度财务报告（Comprehensive Annual Financial Report）、年度预算报告（Annual Budget）和季度预算报告（Quarterly Budget Report）、战略性财务报告（Strategic Financial Plan）、存量债务（Outstanding Debt）等。其中，预算报告主要

说明政府资金在不同政府职能和部门间的分配；战略性财务报告主要阐明政府收入、支出的变化趋势，介绍政府支出的主要项目；综合财务报告则着重介绍政府整体的资产负债情况及净资产变动情况，而这正是政府资产负债表的主要内容。

1. 橙县综合财务报告的报表体系

橙县的资产负债表（综合财务报告）基本可分为全口径政府财务报告、基金财务报告以及编表说明三部分。全口径政府财务报告由净资产报告（资产负债表）和政府活动报告组成，基金财务报告则根据资金运用的不同特点把政府支配的资金划分为政府性基金、专项基金和信托基金三大类，并分别提交相应的财务报告。编表说明是会计报表的必要组成部分，它详细介绍编表所适用的会计标准、数据来源以及数据覆盖范围等。编表说明既提供了财务报告数据质量的制度保证，也为公众准确理解政府财务状况架起了桥梁。橙县发布基本财务报表的状况如表3－6和表3－7所示。

表3－6　　橙县政府资产负债表的基本报表

全口径政府财务报告（Government-wide financial statements）	基金财务报告（Fund financial statements）		
	政府性基金（Governmental funds）	专项基金（Proprietary funds）	信托基金（Fiduciary funds）
净资产报告（Statement of net assets）	资产负债表（Balance sheet）	净资产表（Statement of net assets）	受托净资产表（Statement of Fiduciary net assets）
政府活动报告（Statement of activities）	收支平衡表（Statement of revenue, expenditures and changes in fund balances）	收支平衡表（Statement of revenue, expenditures and changes in fund net assets）	受托净资产变动表（Statement of changes in fiduciary net assets）

续表

全口径政府财务报告（Government-wide financial statements）	基金财务报告（Fund financial statements）		
	政府性基金（Governmental funds）	专项基金（Proprietary funds）	信托基金（Fiduciary funds）
	预算比较表（Budgetary comparison statement）	现金流量表（Statement of cash Flows）	
编表说明（notes to the basic financial statements）			

资料来源：作者自制。

表 3－7　　橙县财务报表的基本特征

	全口径政府财务报表	基金财务报表		
		政府性基金	专项基金	信托基金
财务报表的类型	净资产表 政府活动报表	资产负债表 收支平衡表	净资产表 收支平衡表	信托净资产表 信托净资产变动表
覆盖范围	所有的政府性机构（不含信托基金）	为提供基本公共服务的日常运营活动	为商业类型的服务而发生的日常运营活动	代表别人利益运营管理的资产
会计基础与衡量重点	权责发生制，侧重于衡量经济资源	修正的权责发生制，侧重于度量流动性金融资源	权责发生制，侧重于衡量经济资源	权责发生制，侧重于衡量经济资源
资产与负债信息的类型	所有的资产和负债，既包括金融性的，也包括资本性的；既有短期的，也包括长期的	在当年内到期、或很快就会到期的流动性资产与负债	所有的资产与负债，既包括金融性的，也包括资本性的；既有短期的，也包括长期的	由受托人或相关机构持有的所有资产

续表

	全口径政府财务报表	基金财务报表		
		政府性基金	专项基金	信托基金
流入与流出信息的类型	年度内所有的收益和支出，无论是否实际收到现金或者发生支出	当年内收到或很快就收到现金的收入；已收到商品和服务的支出，以及到期的应付债务	年度内所有的收益和支出，无论是否实际收到现金或者发生支出	年度内所有的增减活动，无论是否实际收到现金或者发生支出

资料来源：作者自制。

根据报告，截至2012年6月30日，橙县政府的总资产为71.30亿美元，其中政府性活动总资产55.29亿美元，商业活动资产16亿元；总负债为21.36亿美元，其中，政府性活动负债16.01亿美元，商业活动负债5.34亿美元；橙县政府拥有的净资产为49.94亿美元，其中政府性活动净资产39.28亿美元，商业活动净资产10.66亿美元（如表3-8所示）。

表3-8　　2012年6月30日橙县政府资产负债简表　　单位：千美元

		政府性活动	商业活动	合　计
资产	流动性资产及其他资产	2842352	774341	3616693
	资本性资产	2687008	826351	3513359
	资产合计	5529360	1600692	7130052
负债	长期负债	915449	449641	1365090
	其他负债	686003	85241	771244
	负债合计	1601452	534882	2136334
净资产	资本性资产（剔除掉相关债务）	2699809	574982	3274791
	受限制的资产	1190309	140354	1330663
	不受限制的资产	37790	350474	388264
	净资产合计	3927908	1065810	4993718

政府持有的资本性资产，其存在方式主要是土地、结构与改良（Structures and Improvements）、设备、软件、在建工程等（如表3－9所示）。

表3－9　　2012年6月30日橙县政府持有的资本性资产　　单位：千美元

	政府性活动	商业活动	合　计	较上年增加/减少
土　地	788352	38083	826435	1.8%
结构与改良	648930	510887	1159817	48.1%
设　备	70553	26754	97307	－7.9%
软　件	35379		35379	－17.9%
基础设施	883700	194317	1078017	－2.1%
开发中的软件	24779		24779	－4.1%
土地使用权	1307		1307	126.9%
在建工程	234008	56310	290318	－52.6%
合　计	2687008	826351	3513359	0.9%

注：此表数据剔除了折旧。

2. 解释不同报表之间的平衡关系，确保数据一致性

政府活动和基金管理是考察橙县政府资产负债变动情况的两个不同视角。从理论上讲，其结果应该是一致的。但由于两套表格关注问题重点不同、适用会计准则各异，导致对同一个事物（比如说政府净资产）的核算出现不同结果。因此，橙县综合财务报告的一项重要内容，就是解释两者为什么会出现差异。橙县的综合年度报告给出了政府基金净值和政府净资产之间的平衡关系，给出了政府基金余额变动与政府净资产变动之间的平衡关系。以政府基金净值和政府净资产间的平衡关系为例，2012年6月30日（财政年度结束日），橙县政府基金净额为17.35亿美元，而政府净资产为39.28亿美元。两者的平衡关系如表3－10所示。

表 3－10　政府基金净值与政府净资产的平衡关系　单位：千美元

政府基金总结存		1735246
政府运行中所使用的资本性资产没有被包括进来。其中包括：		
土地	788352	
结构与改良	1210636	
设备	269394	
软件	56090	
基础设施	1335533	
土地使用权	1670	
在建工程/软件	258265	
累计折旧/摊销	－1250139	
小计		2669801
政府运行过程中使用的部分资产由于不消耗流动性资产也没有计入政府性基金，具体如：		
预付成本	96604	
非分期偿付债券的发行成本	2275	
小计		98879
内部服务基金（Internal service fund）服务于政府运行，已被分摊入不同的政府活动中，在政府活动财务报表中已经反映过了		－3851
由于适用会计制度的差异，导致延迟收益没有被纳入政府财务报表	206095	
类似地，对应收呆坏账的拨备被视作来自呆坏账的收入	－56475	
小计		149620
延递实现的收益（如财产税等）发生在以前时段，不应被包括在当期的政府活动净资产报表中		7650
政府基金只报告那些用流动性金融资源予以偿还的债务。未到期的长期债务、不用流动性资产偿还的债务，在政府基金中均为反映出来。具体包括：		
债券和应付 COP 净值	－283642	

续表

长期应付票据	-40328	
应付的雇员休假支出	-172720	
应付资本租赁支出	-71755	
应付套利交易退税	-391	
应付债券利息	-3402	
资本增值债券的利息收益	-181225	
可能发生的诉讼和索赔	-12000	
雇员额外退休福利计划净资产	60	
小计		765403
OPEB 福利计划净资产		35966
政府净资产		3927908

3. 高度关注债务管理，确保财政可持续

债务管理是政府资产负债管理的重要内容，也是防范发生债务危机、保持财政可持续发展的客观要求。综合财务报告对于债务问题给予了高度的关注。编表说明介绍了政府的债务政策，对长期债务和短期债务状况进行了披露。债务披露内容涵盖了历次发债的基本情况，具体如融资目的、融资额、利率、偿还计划、债券市场评级状况等。在主报告之后的数据统计部分，橙县综合财务报告还提供了按县域人口计算的人均债务负担情况（如人均债务余额、人均债务余额占人均收入的比重、借债水平与法定最高借款限额的对比等）。这些信息的披露，对于市场投资者、社会公众分析政府的偿债能力、推动政府改善债务管理具有重要的意义。

4. 采取多种措施保障数据的有效性

数据的真实可靠是外部监督的基础。橙县采取了一系列措施来确保财务信息的可靠性。一是聘请外部会计师事务所（Vavrinek，Trine，Day & Co.，LLP）对报告进行审计。会计师事务所根据政府审计的标准着重考察内控机制是否适当、数据是否准确全面、遵守相关会计准则的情况以及对相关财务信息的陈述情况，并最终出具审计意见。二是积极接受来自第三方的外部评审。橙县的综合政府财务报告连续多年荣获“美加政府财务官员协会”颁发的“卓越成就奖”。获得这个奖项，意味着橙县的综合性政府财务报告在创造性、报告陈述、内容易于理解性和满足公众（读者）需要等方面均达到了全国最高层次的水准。三是综合政府财务报告是由财务官和审计官共同签署、予以发布的。在橙县，审计官和财务官不是由政府任命的，而是由民众直选产生的。他们相对独立的地位也提高了政府财务报告的真实可靠性。

三、澳大利亚国家（政府）资产负债表编制经验

澳大利亚是比较早编制国家资产负债表的国家之一，作为资源型国家，澳大利亚对资源和环境资产的核算是其资产负债表的突出特色。目前，负责澳大利亚国家资产负债表编制的澳大利亚统计局（ABS）已经积累了丰富的编表经验，其自然资源的估值技术虽然尚不完善，但仍处于先进水平，有很多经验和做法值得中国借鉴。

（一）概况

澳大利亚国家资产负债表是对该国的生产资产、非生产资产、金融资产、对外负债以及净资产的系统性评估。作为存量统计，它与国民收支和生产账户、金融账户、投入产出表和多要素生产率统计、州账户、卫星账户等流量统计一起构成澳大利亚国民账户体系（Australian System of National Accounts，ASNA），完整地展现出从期初资产负

债——生产——收入分配——消费积累——国外交易——物量与价格调整——期末资产负债的经济循环模式。

澳大利亚国家资产负债表由澳大利亚统计局（Australian Bureau of Statistics，ABS）编制并定期发布。ABS 自 1945 年开始对国民收支进行官方统计，1963 年开始每年定期发布国民收支数据，之后其国民经济核算体系不断完善。尽管很早就开始国民经济核算，但直到 1995 年 ABS 才首次尝试发布国家资产负债表，1997 年开始定期发布年度国家和部门资产负债表。1998 年，ABS 按照 SNA1993 的标准，将国家资产负债表纳入国民账户体系，并正式命名为澳大利亚国民账户体系。在资产负债表编制方面，ABS 注重采用国际标准，目前执行的是最新的 SNA2008。

澳大利亚国家资产负债表由总表和子表组成，总表反映经济整体的资产负债状况，子表反映国内各部门资产负债状况。ABS 将国内常住机构单位分为金融部门、非金融部门、政府和居民四类。此外还有一张表单独反映该国对外资产负债状况。

澳大利亚资产负债核算的内容包括两个相互联系的部分，一是期末时点存量的总量核算，二是期初期末之间的存量变化核算（积累核算）。在存量总量核算部分，除了用现价计算资产负债，从 2001 年起 ABS 开始发布以不变价格计算的资产负债表。

澳大利亚资源储量丰富，对资源环境的核算是国民经济核算的重要内容。1995 年 ABS 开始在国家资产负债表中估计自然资源价值，目前其对资源环境资产的核算技术处于领先地位。

《澳大利亚统计年鉴》（Year Book Australia）每年会在“经济”栏目下的“国民账户”子栏目中公布以现价和不变价格计算的国家资产负债表总表。国内各部门和国外部门的资产负债详细数据可在 ABS 网站获得。澳大利亚资产负债表以年度为单位，统计区间为上一年的6月30号至本年6月30号。根据ABS公布的资料，资产负债数据最早可追寻到1990年。从1989年6月30号到2012年6月30号，共可获得23年的数据。连续的、全面的、细致的国家资产负债表为全面了解宏观经济状况、进行有效的风险管理、制定合理的政策等提供了可靠依据。澳大利亚国家资产负债表编制的历史比较久，对资源环境等资产的估值技术比较先进，其编制国家资产负债表的经验值得中国借鉴。

（二）编制方法

1. 存量核算

本节介绍澳大利亚国家资产负债表的基本编制方法，主要包括：资产的范围和分类，经济体内的部门和子部门划分，资产和负债项目的估值方法。总的来说，ASNA基本沿用了SNA编制国家资产负债表的做法，并根据澳大利亚的具体情况作了适当调整，本节将重点关注二者的差异。

表3－11是ASNA和SNA的资产负债项目的详细对比。可见在资产分类方面，ASNA基本沿用了SNA的标准。从资产大类上看，总资产分为非金融资产和金融资产，非金融资产进一步分类为生产资产和非生产资产，与国外金融资产对应的是国外负债。备忘项目是那些虽然未被单独列为资产但对机构部门具有重要意义的项目。ASNA与SNA的差异如下。

（1）贵重物品：由于数据限制，ASNA未设置该账户。

（2）所有权转移成本：SNA将所有权转移成本包含在资产负债表的资产价值中，ASNA则单列。

（3）知识产权产品：在SNA的框架下，ASNA列出了知识产权产

表 3－11　SNA 和 ASNA 的资产负债项目

SNA	ASNA
总资产	**总资产**
非金融资产	**非金融资产**
生产资产	生产资产
固定资产	固定资产
住宅	住宅
	所有权转移成本
其他建筑和构筑物	非住宅建筑
机器和设备	机器和设备
武器系统	武器系统
培育性生物资源	培育性生物资源
知识产权产品	知识产权产品
	研究与开发
	矿产石油开发
	计算机软件
	艺术品原件
存货	存货
	私人非农场型企业
	农场
	政府当局
	家畜
	种植林木
贵重物品	
非生产资产	非生产资产
自然资源	自然资源
土地	土地
矿产和能源储量	地下资产
非培育性生物资源	自然生长林木
水资源	
其他自然资源	无线电频谱
合约、租约和许可	自然资源使用许可
	无线电频谱许可证
商誉和营销资产	

续表

SNA	ASNA
金融资产	**对外金融资产**
货币黄金和特别提款权	货币黄金和特别提款权
货币和存款	货币和存款
债务性证券	股票之外的其他证券
贷款	贷款
股票和投资基金份额/单位	股票和其他权益
保险、养老金和标准化担保计划	保险专门准备金
金融衍生工具和雇员股票期权	
其他应收/应付款	其他应收账款
金融负债	**对外负债**
货币黄金和特别提款权	货币黄金和特别提款权
货币和存款	货币和存款
债务性证券	股票之外的其他证券
贷款	贷款
股票和投资基金份额/单位	股票和其他权益
保险、养老金和标准化担保计划	保险专门准备金
金融衍生工具和雇员股票期权	
其他应收/应付款	其他应付账款
净资产	**净资产**
备忘项目	**备忘项目**
不良贷款	
贷款名义价值	
贷款的市场等量值	
耐用消费品	耐用消费品
直接投资	直接投资
接受国外投资	接受国外投资
对外投资	对外投资

资料来源：SNA2008，ASNA。

品的四个细分类，分别是研究与开发、矿产石油开发、计算机软件和艺术品原件。

（4）存货：在资产负债表中，ASNA 并未像资本账户那样将存货细分为材料和用品、在制品和制成品，而是分为私人非农场型企业、农场、政府当局、家畜和种植林木五类。

（5）自然资源：ASNA 中的自然资源包括土地、地下资产、适合商业开采的天然林木和无线电频谱四类；其中“地下资产”与 SNA 中的“矿产能源储量”在资产范围上存在较大区别，详见下文；“自然生长林木”是 SNA“非培育性生物资源”的一部分；由于数据限制，ASNA 中未包含水资源；ASNA 的“无线电频谱”相当于 SNA 中的“其他自然资源”。

（6）自然资源使用许可：ASNA 中的“自然资源使用许可”对应于 SNA 的“合约、租约和许可”，目前只有“无线电频谱许可证”这一类资产。

（7）商誉和营销资产：由于数据限制，ASNA 未包含该账户。

SNA2008 将股票之外的其他证券、股票和其他权益分别重命名为债务性证券、股票和投资基金份额/单位。ASNA 将金融衍生工具归入“贷款”。由于数据限制，ASNA 没有统计“雇员股票期权”。

（8）备忘项目：ASNA 仅包括耐用消费品和直接投资，未包括不良资产。

在资产范围方面，ASNA 与 SNA 的显著的区别在于对地下资产的定义。SNA2008 将地下资产定义为：已探明的（Proven）、在现有技术和相对价格条件下具有经济开采可行性的地下资源，如煤炭、石油和天然气，金属矿物和非金属矿物。而 ANSA 则采用澳大利亚地球科学局（Geoscience Australia）确认矿产资源的方法，认为 EDR（Economically Demonstrated Resources）能更精确地反映可供开采的地下资产的储量。所谓EDR，是指存在的可能性很高，并且在现有技术和价格的条件下具备经济开采可行性的资源。EDR等于预可采（Probable）资源和可采（Proven）资源的总量。可见二者的差别在于，SNA将地下资产限定于已探明的（Proven）具备经济可采可行性的资源，而ASNA则将范围扩展至预可采（Probable）资源，其范围广于SNA的标准。

2. 部门和子部门划分

ASNA使用的机构部门分类标准称为SISCA（Standard Institutional Sector Classifications of Australia）。SNA和ASNA的机构部门和子部门对比详见表3－12。

表3－12　　SNA和ASNA的部门划分

SNA		ASNA		
部门	子部门	部门	子部门	
非金融公司部门	国营非金融公司	非金融公司部门	国营非金融公司	国家国营非金融公司 州和地方国营非金融公司
	本国私营非金融公司		私营非金融公司	非金融投资基金 其他非私营非金融公司
	国外控制的非金融公司			
金融公司部门	中央银行	金融公司部门	中央银行	澳大利亚储备银行
	中央银行以外的存款性公司		存款性公司	银行 其他存款性公司
	保险公司（IC）		养老基金和保险公司	养老基金 人寿保险公司 非人寿保险公司
	养老基金（PF）			
	货币市场基金MMF		金融投资基金	货币市场基金MMF 非货币市场金融投资基金
	非MMF投资基金			
	专属金融机构和贷款人		中央借款机构	
	金融辅助机构			
	保险公司和养老基金（ICPF）以外的其他金融中介机构		证券公司	
			其他金融公司	

续表

<table>
<tr><th colspan="2">SNA</th><th colspan="3">ASNA</th></tr>
<tr><th>部门</th><th>子部门</th><th>部门</th><th colspan="2">子部门</th></tr>
<tr><td rowspan="3">一般政府部门</td><td>中央政府</td><td rowspan="3">一般政府部门</td><td rowspan="2">国家政府</td><td>联邦政府</td></tr>
<tr><td>省级政府</td><td>公立大学</td></tr>
<tr><td>地方政府</td><td>州和地方政府</td><td></td></tr>
<tr><td>居民部门</td><td></td><td>居民部门</td><td>包括NPISH</td><td></td></tr>
<tr><td>NPISH</td><td></td><td>/</td><td></td><td></td></tr>
<tr><td>国外部门</td><td></td><td>国外部门</td><td></td><td></td></tr>
</table>

资料来源：SNA2008，ASNA。

经济总体由所有常驻机构单位组成，根据所从事的经济活动的特征，SNA2008 将常驻机构单位划分为五个独立的机构部门，分别是非金融公司部门、金融公司部门、一般政府部门、为居民服务的非营利机构部门（NPISH）、居民部门。ANSA 借鉴 SNA 的做法并作了相应调整。

（1）非金融公司部门。非金融公司部门是指那些以生产市场性货物或非金融服务为主要活动的公司。SNA 将非金融公司部门按照控制权进一步划分为国营非金融公司、本国私营非金融公司、国外控制的非金融公司。ASNA 则未区分本国与国外的非金融公司，而是根据 ABS 的分类标准仅将非金融公司分为国营金融公司和私营非金融公司两类。ASNA 将国营非金融公司进一步分为国家、州和地方三类，将私营非金融公司进一步分为非金融投资基金和其他非私营非金融公司。将非金融投资基金归入非金融公司部门是 ANSA 与 SNA 的显著区别，SNA2008 将所有非货币市场投资基金归入金融公司部门，而 ASNA 则仅将投资与金融资产的投资基金归为金融公司，投资于非金融资产的投资基金则归入非金融公司。

（2）金融公司部门。金融公司部门包括所有主要从事向其他机构单位提供金融服务活动（包括保险、养老基金服务等）的常驻公司。根据公司在市场上的活动和负债的流动性，SNA 将金融公司部门分为中央银行等 9 个子部门，ASNA 则分为 7 个子部门及 11 个更为细化的子部门。与 SNA 不同，ASNA 将银行从其他存款性机构中单列出来，将中央借款机构（CBAs）从专属金融机构中单列出来，将证券公司从其他金融机构中单列出来。

（3）一般政府部门。SNA 认为一般政府部门由所有的中央、省级或地方政府单位，所有政府单位控制下的非市场 NPI 组成。ASNA 则根据 ABS 的划分方法，将政府分为国家，州和地方两类。由于公立大学同时由联邦和州政府管理，难以将其明确划分为其中任何一方，因此将联邦政府以及公立大学划分为一类，称为“国家”。

（4）居民部门。由于数据限制，ASNA 将为居民服务的非营利机构部门（NPISH）并入居民部门。

此外，关于准公司的分类，SNA2008 认为所有的准公司均可被视作公司，划分为非金融公司或金融公司。但在 ASNA 中，对居民拥有的准公司的识别还存在很多困难，目前被视作非公司企业归入居民部门。

3. 资产的估值方法

ASNA 遵循 SNA 的标准确定资产价格。理想情况下，资产应以现行的、可观察的市场价格计算价值，几乎全部的金融证券、现有运输设备、农作物、牲畜及新生产的固定资产和存货都可以获得这类市场价格。当缺乏可观察的市场价格时，ASNA 用积累和重估交易得到的价值估计固定资产和耐用消费品的价值，用收益现值法估计地下地产和自然森林的价值。

资产属性不同，适用的估值方法也不同。下面分别介绍不同类型待估资产的统计范围、估值方法和数据来源。

（1）非金融生产资产。

①种植林木。林木资产包括种植林木和天然生长林木两类。SNA2008 没有具体定义资产负债表应包括哪些林木种类，只是规定进入资产负债表的林木必须符合经济资产的定义，即必须有明确的所有者且能为所有者带来经济利益。在澳大利亚，除自然保护森林之外的所有公共森林和所有私人森林都具备在当前或未来用于林木生产的潜质，其中受特殊规定限制的森林除外。

根据 SNA2008，国家资产负债表之外的其他林木也可能具有经济价值，但由于禁止采伐，ASNA 并未将这些潜在林木资源的价值计入资产负债表。此外，森林还具备一系列林木生产之外的价值，例如维持生态多样性，发挥森林碳汇功能[①]和防止土壤流失等，但这不属于 ASNA 统计的范畴。

由于市场交易不频繁，林木的活跃市场价格难以获得。ASNA 用种植林木的保险价值来估计其市场价值。种植林木的保险条款由澳大利亚林业协会（Australian Forest Growers Association）制定，按树龄计算林木的保险价值。

ASNA 将种植林木分为针叶人工林和阔叶人工林两类，均按照保险行业提供的保险条款进行估值。保险条款按不同树龄给出了每公顷

① 碳汇，一般是指从空气中清除二氧化碳的过程、活动、机制。主要是指森林吸收并储存二氧化碳的多少，或者说是森林吸收并储存二氧化碳的能力。

林木的价值，其中针叶人工林的树龄上限是30年，阔叶人工林的是20年。

值得注意的是该方法没有充分估计因干旱、病害、土地使用变化、火灾及其他自然原因造成的种植林木的损耗。如果能对森林进行可持续的开采，则不需要做损耗调整。

种植森林面积和种植物的数据来自于《国家种植资源》（National Plantation Inventory），该刊物由澳大利亚农业资源经济与科学局（Australian Bureau of Agricultural and Resource Economics and Sciences，ABARES）编制并每年出版。由于1975年以前的数据无法获得，种植数据需要根据种植面积的逐年增长率进行估计。

②固定资产和除种植林木外的其他存货。ASNA对非金融生产资产的估值方法（种植林木除外）与SNA2008的方法基本一致。固定资产采用永续盘存法（PIM）计算，得到的是资产的期末净资本存量。存货是按照资产负债表日的价格进行估价。存货的数据往往通过调整存货的账面价值进行估算，分部门的存货价值变动可从资本账户获得[①]。

（2）非金融非生产资产。

①土地。在ASNA中，土地包括私人掌握的完全保有和租赁保有的土地，联邦、州、地方政府和其他企业所有的土地。

原则上，土地价值不包括土地改良的价值及和土地之上建筑物的价值，后两者均单列在固定资产项下。土地的价值由新购买者支付的价格决定，不包括所有权转移成本（按惯例，这被当做固定资本形成总额以及固定资本消耗）。当土地不能与附着其上的建筑、设施、种

① 详细的估价方法见SNA2008第13章C节及其他相关章节。

植物、种植园等分开估值时，这项复合资产应归入价值占比最大的那类资产。同理，如果土地改良的价值不能与土地价值分开，土地价值将计入相对价值较大的那类资产。

由于土地市场价值会随着其位置以及用途的不同而有明显差异，因此土地估价的关键是识别每块土地的位置和用途。

关于商业和农村用地的价值，ASNA 采用的是各州的政府估价机构（Valuer-General）提供的数据。政府估价机构的估价充分体现了土地的位置和用途对土地价值的影响。政府估价机构按市场价格衡量土地价值，但实践中要用观察到的市场价格来评估整体的土地存量仍存在很多困难。商业用地评估主要涉及非金融部门、金融部门和居民三个部门。农村土地主要涉及居民和非金融部门。政府部门的土地可直接从政府财政统计（Government Finance Statistics，GFS）中获得。

关于居住用地的价值，ASNA 使用澳大利亚储备银行（Reserve Bank of Australia，RBA）提供的住房存量（residential dwelling stock）价值（包括土地价值）减去居民部门拥有的住房价值的差额来进行估计。住房存量数据由 RBA 根据销售数据、人口与住房普查数据计算得出，按季度公布在《统计表》（Statistical Tables）中。各州政府估价机构提供的住房数据被用来计算各州占 RBA 公布的总量数据的比例。但空置的居住用地不在核算范围内。

②地下资产。由于缺乏交易数据，地下资产的市场价格难以确定，ASNA 使用净现值法（NPV）估计地下资产的价值。净流入等于每年的总产出（价格乘以产量）减成本（包括生产资本的正常利润）[①]。未

① 扣除生产资本的正常利润是因为净流入反映的是资源自身带来的利润，而不是用来开采资源的生产资本带来的利润。生产资本的正常利润应当能覆盖在开采和开发过程中的风险和不确定性带来的成本，以及由价格波动和通货膨胀造成的长期风险溢价。

来净流入逐年计算，并在预期的矿山寿命期内折现以获得净现值。生产资本的正常利润数据是 ASNA 根据资本存量、合适的折现率和开采成本计算得出。ASNA 使用五年滞后平均来平滑价格、成本和产量。在计算经通胀调整的真实折现率时，ASNA 假设公司进行资源投资的决策主要受借贷成本影响，折现率应反映矿产行业的资金成本或借贷成本。

澳大利亚的 EDRs 和矿产资源产量数据由澳大利亚地球科学局在 Australia's Identified Mineral Resources 和 Oil and Gas Resources of Australia 中发布。生产成本数据由一家私人咨询公司提供，该数据是根据公司财务信息从一组矿山样本和行业趋势中推算出来的。价格数据可从公开信息中得到，如 Australian Financial Review，资源和能源经济局季度发布的 Resources and Energy Statistics。

③自然生长林木。与种植林木不同，ASNA 将特权收入的未来现金流作为未来净流入，用 NPV 法对自然生长林木进行估值。

ASNA 使用林业的借贷成本来作为行业的名义折现率。借贷成本是通过计算澳大利亚储备银行对大型公司贷款的平均指标利率的五年滞后平均值来估计的。ASNA 还构建反映林业投入价格变化的指数来计算真实折现率。

澳大利亚各州都有可供开采森林的净面积数据。估计私人林木生产的价值和占比、自然森林采伐量和平均循环周期的数据来自 ABABES 每半年出版的 Australian Forest and Wood Products Statistics。各州的森林部门负责提供采伐公共所有的自然森林的销售利润数据。

④无线电频谱和频谱许可证。无线电频谱从使用许可证签发开始就被视为具有经济价值的资产，在 SNA2008 中，无线电频谱属于“合约、租约和许可”类资产，SNA 没有给出频谱的具体定义。

对无线电频谱的估值需要区分两个概念，无线电频谱资源的价值是指频谱本身产生的价值（在频谱许可证有效期内，需扣除频谱许可证的价值），频谱许可证的价值是指频谱使用特许权的价值。无线电频谱资源的价值用净现值法进行估计，为此需要估计该资产在许可证年限之外的期间产生的净流入。频谱许可证的价值则取决于拍卖价格。值得注意的是无线电频谱的价值与频谱许可证的价格有关但要高于许可证价格，因为频谱的资产寿命更长。

在实践中，频谱的初始价值应扣除许可证的售价。但是随着时间的推进，许可证的价值递减，在假设频谱的总价值不变的条件下，价值逐渐从许可证向频谱转移，从而确保总的净值不变。在某些情况下，如果市场条件和预期在许可证发布后发生变化，频谱和许可证的价值也会改变，所有这些交易和变化会体现在资产账户的其他物量变动中。

频谱许可证的拍卖价格来自澳大利亚通信与媒体局（Australian Communications and Media Authority），ASNA 用来估计无线电频谱和频谱许可证的价值。

（3）备忘项目。

备忘项目列出的是没有单独列为资产但对机构部分有重要意义的项目。

①耐用消费品。耐用消费品用 PIM 法估值。逐期投资作为耐用消费品存量的加项，退出的资产和固定资本消耗作为减项。现价和价格指数来自于澳大利亚国际收支表（Australian National Accounts：National Income，Expenditure and Product）对居民最终消费支出的估计。资产寿命、固定资本消费和退休类型的估计来自 Katz and Herman（1997）。

②直接投资。非居民对本国的投资和居民的对外投资数据来自 Balance of Payments and International Investment Position，Australia。

4. 物量/真实计算

除了使用现价，ABS 从 2001 年起还开始发布物量/真实计算的国家资产负债表。从物量角度计算资产和负债，可以消除价格变化的影响，便于进行时间序列的比较。

资产存量随时间发生的变化可分解为价格变化和物量变化两部分。价格变化只引起资产价值量变化，而不会影响资产实际数量。所谓物量变化，是指资产的数量和质量方面的变化。非金融资产的价值可以分解为价格和物量两方面。令价格不变，就可计算出特定时期的物量指数，称为物量估计。ANSA 用年度链式拉氏物量指数对非金融资产进行物量计算。金融资产和负债不存在物量概念，只能通过价格指数进行平减，衡量其对一揽子商品和服务的购买力，称为真实估计。真实净资产是通过加总非金融资产的链式物量估计和金融资产减负债的真实估计得到的。

澳大利亚生产性资产的物量估计比较成熟，且有多年数据。但非生产资产的物量估计、金融资产和负债的真实估计只能获得近些年的数据，其估计技术仍有许多问题。

（1）地下资产和自然生长林木的物量计算。把用现价计算资产价值的过程加以扩展，就可对地下资产和自然生长林木进行链式物量估计。在对地下资产和自然生长林木进行物量估计时，假设生产资本的正常利润和折现率不变。

（2）无线电频谱和频谱许可证的物量计算。用国内最终需求的内含平减物价指数对现价价值进行平减计算得出。

（3）土地的物量计算。正常情况下，一国的土地面积不会有太大变化。然而，由于物量变化也包括质量变化，因此土地物量也会发生变化。导致土地质量变化的原因包括自然因素、土壤保护和其他土地改良措施，土地等级下降及其他人类活动等。由于城市土地比农村土地具有更高的经济价值，随着城市边界的扩张以及土地用途的改变，土地物量也会随着用途的变化而增加。位置是土地质量的关键决定因素，可以说在中心商业区域的土地比郊区的土地有更高的质量。澳大利亚进行土地物量增长估计时假设：城市土地物量增长率是非住宅建筑物量增长率的一半、是住宅建筑物量增长率的1/3。由于假设农村土地的等级下降、土地改良和重划区域的净值为零，因此农村土地的物量增长为零。

（4）金融资产和负债的真实计算。用国内最终需求内含物价平减指数对现价进行平减。

根据以上核算方法，ABS编制了国家资产负债表。表3－13和表3－14分别是以现价和不变价格计算的经济总体资产负债表，这两张表作为澳大利亚国家资产负债表的主要成果，每年公布在《澳大利亚统计年鉴》中。

表3－13　　2012年澳大利亚国家资产负债表（现价）　　单位：十亿美元

	2006年	2007年	2008年	2009年	2010年
总资产	8116.4	8701.7	9071.7	10001.7	10124.1
非金融资产	7066.6	7619.2	7983.0	8804.1	8871.0
生产资产	3562.3	3853.5	4057.3	4237.2	4448.9
固定资产	3416.0	3693.5	3897.7	4080.0	4281.3
住宅	1253.6	1346.4	1418.8	1489.2	1567.1
所有权转移成本	184.7	182.7	180.1	200.1	201.7
非住宅建筑	1343.9	1466.7	1545.6	1616.2	1727.1
机器和设备	455.1	500.8	542.9	553.5	552.3

续表

	2006 年	2007 年	2008 年	2009 年	2010 年
武器系统	20.5	22.3	24.4	24.4	24.2
培育性生物资源*	25.2	26.3	26.1	26.5	26.5
知识产权产品	133	148.3	159.7	170	182.5
研究与开发	58.4	66.8	73.3	78.5	83.5
矿产石油开发	35.6	40.4	44	47.8	53.6
计算机软件	36.9	38.7	39.7	40.7	41.6
艺术品原件	2.1	2.4	2.7	3	3.7
存货	146.3	160	159.6	157.2	167.5
私人非农场型企业	121.6	134.1	134.8	130.5	138.1
农场	7.8	8.5	8.6	9.9	12.7
政府当局	3.9	3	2	2.3	2.4
家畜	4.6	4.6	4.9	5	4.7
种植林木**	8.4	9.9	9.3	9.4	9.6
非生产资产**	3504.3	3765.7	3925.7	4566.9	4422.2
自然资源	3501.2	3762.7	3923.0	4564.5	4420.1
土地	3156.2	3367.6	3297.2	3963.7	3785.0
地下资产	335.8	385.5	615.8	590.5	624.3
自然生长林木	2.1	2.1	1.9	1.7	1.7
无线电频谱					
自然资源使用许可	3.1	2.9	2.7	2.4	2.1
频谱许可证	3.1	2.9	2.7	2.4	2.1
对外金融资产	1049.8	1082.6	1088.7	1197.6	1253.1
货币黄金和特别提款权	2.2	2.7	3.2	9.1	8.2
货币和存款	69.3	54.5	89	94.5	103
股票之外的其他证券	182.6	232.6	250.5	263	252.6
贷款	117.3	111.9	145.4	147.7	149.8
股票和其他权益	587.3	579.6	510.6	577.3	628.5
保险专门准备金	15.9	13.6	7.6	6	6.9
其他应收账款	75.3	87.7	82.4	100	104

续表

	2006 年	2007 年	2008 年	2009 年	2010 年
对外负债	1663.0	1741.1	1792.4	1974.5	2034.2
货币黄金和特别提款权	0.8	0.8	0.9	5.3	4.6
货币和存款	76.2	87.3	111.9	111.2	125.1
股票之外的其他证券	727.1	778.1	815	928.7	909.6
贷款	182.8	210.3	247.4	230.1	229.1
股票和其他权益	660.7	637.7	590	669.8	734.6
保险专门准备金	1.9	2	1.7	1.8	2.2
其他应付账款	13.5	24.9	25.5	27.5	29
Net worth 净资产	6453.4	6960.6	7279.3	8027.2	8089.9
备忘项目					
耐用消费品	241.8	251.6	256.7	262.5	269.4
直接投资					
接受国外投资	400.7	439.2	445.2	490.1	510.2
对外投资	374.3	371.5	354.7	377.5	387.3

注：* 表示国家资产负债表中的固定资产包括所有动物，不仅仅指资本存量表中的牛羊等。
** 是估计值。

资料来源：Year Book Australia，2012。

表 3－14　　2012 年澳大利亚国家资产负债表（不变价格） 单位：十亿美元

	2006 年	2007 年	2008 年	2009 年	2010 年
总资产	9304.1	9540.7	9742.8	10031.1	10242.1
非金融资产	8210.8	8443.3	8654.2	8861.8	9064.0
生产资产	3734.2	3898.2	4045.2	4190.9	4350.5
固定资产	3577.8	3735.4	3886.6	4035.9	4189.5
住宅	1356.1	1394.1	1430.5	1468.7	1506.6
所有权转移成本	190.3	191.3	189.2	188.9	185.9
非住宅建筑	1398.7	1459.4	1528.8	1600.2	1677.3
机器和设备	460.9	504.6	539.2	565.3	591.6
武器系统	19	20.6	22.5	25.7	29.7
培育性生物资源*	17.5	17.4	17.5	17.7	18
知识产权产品	135.5	148	158.9	169.5	180.4

续表

	2006 年	2007 年	2008 年	2009 年	2010 年
研究与开发	62.5	68.8	73.6	78.1	82.2
矿产石油开发	37.5	40.6	43.9	46.8	49.8
计算机软件	33.3	36.1	38.6	41.6	44.8
艺术品原件	2.2	2.5	2.7	3	3.6
存货	156.3	162.8	158.6	154.9	161
私人非农场型企业	130.8	135.6	133.5	128.1	130.8
农场	7.8	8.5	8.6	9.9	12.7
政府当局	3.3	2.8	1.9	2.7	3.9
家畜	5	5	5	5.1	4.8
种植林木**	9.5	11	9.6	9.1	8.7
非生产资产**	4476.6	4545.0	4609.0	4671.0	4713.5
自然资源	4473.3	4542.0	4606.3	4668.6	4711.5
土地	3956.6	3998.1	4037.9	4078.1	4108.2
地下资产	506.9	533.9	558.3	580.3	592.7
自然生长林木	2.1	2	1.9	1.7	1.8
无线电频谱	7.7	8	8.2	8.5	8.8
自然资源使用许可	3.4	3	2.7	2.3	2
频谱许可证	3.4	3	2.7	2.3	2
对外金融资产	1093.3	1097.4	1088.6	1169.2	1178.1
货币黄金和特别提款权	2.3	2.7	3.2	8.9	7.7
货币和存款	72.2	55.3	89	92.3	96.8
股票之外的其他证券	190.1	235.8	250.5	256.7	237.5
贷款	122.2	113.5	145.4	144.2	140.8
股票和其他权益	611.6	587.5	510.5	563.6	590.9
保险专门准备金	16.5	13.8	7.6	5.8	6.5
其他应收账款	78.4	88.9	82.4	97.6	97.8
对外负债	1731.9	1765.1	1792.2	1927.6	1912.5
货币黄金和特别提款权	0.9	0.8	0.9	5.2	4.3
货币和存款	79.3	88.5	111.9	108.5	117.6

续表

	2006 年	2007 年	2008 年	2009 年	2010 年
股票之外的其他证券	757. 2	788. 8	814. 9	906. 7	855. 2
贷款	190. 4	213. 2	247. 4	224. 6	215. 4
股票和其他权益	688. 1	646. 4	589. 9	653. 9	690. 7
保险专门准备金	1. 9	2	1. 7	1. 8	2. 1
其他应付账款	14. 1	25. 3	25. 5	26. 9	27. 3
Net worth 净资产	7572. 2	7775. 7	7950. 6	8103. 4	8329. 6

注：* 表示国家资产负债表中的固定资产包括所有动物，不仅仅指资本存量表中的牛羊等。
** 是估计值。

资料来源：Year Book Australia，2012。

5. 核算 – 积累账户

除了存量核算，ASNA 还对资产负债进行存量变化核算。存量变化核算也称积累核算，用来解释期初和期末两个时点之间资产负债总量的变化。

引起物量变化的原因有两个：一是核算期内经济交易引起的资产变化，二是交易之外的事件导致的物量变化。交易具有经常性，资产其他物量变化具有偶然性和不确定性。

可见，影响资产负债存量变化的原因主要有三个，分别是资产交易、资产其他物量变化、价格变化。相应地，机构单位持有的资产存量从期初到期末的变化可分解为四个账户：一是资本账户，记录非金融资产的交易；二是金融账户，记录金融资产和负债的交易；三是资产物量其他变化账户，记录既非交易又非价格变化导致的非金融资产和金融资产价值的变化；四是重估价账户，记录价格变化对资产价值的影响。

对应地，ASNA 将资产负债存量变化分解为净资本形成、金融交易、其他物量变化、中性持有收益、实际持有收益。2010 ~ 2011 年澳大利亚资产负债表积累账户见表 3 – 15。

表 3-15　　2012 年澳大利亚国家资产负债表积累账户（现价）　　单位：十亿美元

账　户	期初存量	净资本形成	金融交易	其他物量变化	中性持有收益	实际持有收益	期末存量
总资产	10048.4	159.8	70	57.8	213.6	-251.1	10298.4
非金融资产	8851.1	159.8	0	57.8	187.8	-194	9062.5
生产资产	4240.4	159.8	0	0	90.6	-32.2	4458.5
固定资产	4085.8	154.4	0	0	87.3	-35	4292.4
住宅	1489.4	39.3	0	0	31.6	-2.6	1557.7
所有权转移成本	200.2	-3.4	0	0	4.2	4	205
非住宅建筑	1619.9	75.9	0	0	34.7	-0.4	1730.2
机器和设备	554.4	28	0	0	11.9	-31.5	562.8
武器系统	24.5	3.5	0	0	0.6	-2.5	26.1
培育性生物资源*	27.3	0.5	0	0	0.6	0.2	28.6
知识产权产品	170.1	10.7	0	0	3.7	-2.3	182.2
研究与开发	78.5	4.2	0	0	1.7	-0.8	83.6
矿产石油开发	47.8	3.1	0	0	1	1.1	53
计算机软件	40.7	3.2	0	0	0.9	-2.6	42.2
艺术品原件	3.1	0.3	0	0	0.1	0	3.4
存货	154.5	5.4	0	0	3.3	2.8	166.1
私人非农场型企业	128.9	4.8	0	0	2.8	2.2	138.7
农场	9.1	0.9	0	0	0.2	-0.2	10

续表

账　户	期初存量	净资本形成	金融交易	其他物量变化	中性持有收益	实际持有收益	期末存量
政府当局	2.3	0.1	0	0	0	0	2.4
家畜	4.8	-0.1	0	0	0.1	0.5	5.3
种植林木**	9.4	-0.3	0	0	0.2	0.4	9.7
非生产资产**	4610.7	0	0	57.8	97.2	-161.8	4603.9
自然资源	4608.3	0	0	58.1	97.2	-161.8	4601.8
土地	3928.9	0	0	36.7	82.7	-161.7	3886.7
地下资产	669.1	0	0	21	14.2	-0.1	704.2
自然生长林木	1.8	0	0	0.1	0	-0.1	1.8
无线电频谱	8.6	0	0	0.3	0.2	0	9.1
自然资源使用许可	2.4	0	0	-0.3	0	0	2.1
频谱许可证	2.4	0	0	-0.3	0	0	2.1
对外金融资产	1197.3	0	70	0	25.8	-57.1	1236
货币黄金和特别提款权	9.1	0	0	0	0.2	-1.1	8.2
货币和存款	96.9	0	22.9	0	2.3	-18.5	103.6
股票之外的其他证券	260.1	0	-36.6	0	5.1	16.1	244.7
贷款	147.6	0	24.1	0	3.3	-22	153
股票和其他权益	579.1	0	55	0	12.7	-24.4	622.3

续表

账　户	期初存量	净资本形成	金融交易	其他物量变化	中性持有收益	实际持有收益	期末存量
保险专门准备金							
其他应收账款	98.5	0	4.8	0	2.1	-8.6	96.8
对外负债	1975.2	0	104.4	0	42.5	-83.7	2038.4
货币黄金和特别提款权	5.3	0	0	0	0.1	-0.9	4.6
货币和存款	109.7	0	25.2	0	2.6	-15	122.5
股票之外的其他证券	928	0	28.8	0	19.8	-63	913.6
贷款	235.2	0	0.3	0	4.9	-5.8	234.6
股票和其他权益	670.8	0	50.5	0	14.6	2.8	738.8
保险专门准备金							
其他应付账款	24.3	0	-1.1	0	0.5	-1.5	22.2
Net worth 净资产	8073.2	159.8	-34.4	57.8	171.1	-167.5	8260
备忘项目							
耐用消费品	304.5	11.3	0	0	6.5	-13.4	308.9
直接投资							
接受国外投资	492	0	38.8	0	10.7	-26.7	514.9
对外投资	379.5	0	15.2	0	8.1	-16.5	386.3

注：* 表示国家资产负债表中的固定资产包括所有动物，不仅仅指资本存量表中的牛羊等。** 是估计值。

资料来源：ABS。

（三）自然资源和环境资产的核算

澳大利亚幅员辽阔，是世界面积第六大国，以土地、矿产等自然资源丰富闻名。对资源的统计一直是该国相关部门的关注重点，也是该国区别于其他国家的重要特点。从1908年起，澳大利亚年鉴即分专题统计各省的土地、森林、矿产、畜牧、渔业、水资源等自然资源储量。由于澳大利亚国民账户体系中的环境资产应当具备经济资产的两个基本特征，即有确定的持有者，且持有者能从持有或使用该资产中获得经济利益，符合这一定义的主要有地下资产、土地、森林、水和政府或机构控制的海洋渔业资源。由于缺乏相关数据，水和渔业资源目前尚未包含在资产负债表中。而环境资产中的大气层等资产因为没有明确的所有者而不能纳入国民账户，但这并不意味着这些资产没有价值，相反，它们的作用非常重要。即使它们符合经济资产的定义，相应的估值技术也存在很多问题和争议。因此，除了在国家资产负债表中估计自然资源的价值，该国还通过各种方法对自然资源进行尽可能详细和客观的统计。与资产负债表中的货币计量方式不同，其他统计方法主要以实物数量等方式进行统计。

1. 自然资源和环境资产的存量统计

《澳大利亚统计年鉴》的“环境”部分对该国的自然资源和环境状况进行了详细的统计和说明，主要包括居民部门对水、能源的使用和保护情况，各行业的环境管理情况，废物管理情况，土地和生物多样性，水和空气的情况，并进行了环境核算（Accounting for The Environment）。环境核算部分对环境资产及其损耗对国民账户经济增加值、收入和储蓄的影响进行了估计。有关环境的数据主要来自于澳大利亚统计局进行的居民和商业调查，以及其他机构提供的数据[①]。此外，年鉴中单列的农业、林业和渔业、采矿业、能源行业的章节也涉及对自然资源和环境的统计。

ABS 还为一些重要资源单独建立了统计账户，主要有水账户、能源账户、土地账户、渔业账户、矿产账户、森林账户等。相关数据均可在 ABS 网站和出版物中获得，有的是单独发布，有的则在国民账户的卫星账户中发布。

根据 SEEA1993 和 SERIEE1994，ABS 从 20 世纪 90 年代中后期开始进行地方政府环境和自然资源调查（Local Government Environment and Natural Resources Survey），并根据调查结果编制环境保护支出账户（Environment Protection Expenditure Account）和自然资源管理账户（Natural Resource Management Account）。2004 年以后环境保护支出成本账户停止编制。

自然资源账户的编制是由统计部门和其他相关部门共同进行的。例如，水账户主要是由 ABS 编制的，但未来将推出的温室气体排放账户则是 ABS 运用 BREE 的能源数据、DCCEE 的排放数据，按照 SEEA 和 SNA 的要求编制的。

2. 自然资源和环境资产的损耗估计

经济和社会活动与环境有密切关系，环境为生产和消费提供原材料和能源，同时又遭受着人类活动带来的损害。从 2008 年开始，SNA 将自然资源价值损耗对产出的影响纳入国民账户体系，列入

① 例如澳大利亚政府气象局（Australian Government Bureau of Meteorology）、农业资源经济和科学局（Australian Bureau of Agricultural and Resource Economics and Sciences）、环境保护与遗产理事会（Environment Protection and Heritage Council）、国家污染物清单（National Pollution Inventory）、澳大利亚政府的农林渔业部（Department of Agriculture、Fisheries and Forestry，DAFF）；可持续发展、环境、水、人口和社区部（Australian Government Sustainability、Environment、Water、Population and Communities，SEWPaC）、气候变化部（Department of Climate Change）。

“资产其他变动”账户。ABS 已尝试计算经济活动造成的环境破坏，以及环境资产的长期可持续性问题。但澳大利亚国民账户体系并未单列自然资源损耗账户，而是将其包含在资产负债表的“资产其他变动”账户中。该账户既包括自然资源损耗又包括新发现自然资源的价值。

（1）地下资产损耗。地下资产的经济损耗仅指由于开采造成的价值变动。发现新的存量、由于价格变化或开采技术进步导致的资源存量变动属于地下资产的附加变动（Additions）而非经济损耗。

（2）土地损耗。如果土地可持续使用，即资产寿命无限，理论上不需要进行损耗调整。如果土地质量出现退化，即由经济活动造成土地资本价值下降，则需要调整土地产生的收入。土地价值变动可从其市值变动或土地评级数据中直接得到，但土地退化造成的经济损失需要估计。Kemp and Connell（2001）和澳大利亚国家土地和水资源审计署分别估计了土地退化的经济损失。ABS 已利用这些研究数据来估计土地的退化效应和农业生产的利润损失。

（3）森林损耗。国家资产负债表中的森林资产包括种植森林和自然森林两类。森林是可再生资源，采伐过的森林经过一段时间还可以重新生长出来，因此其损耗估计具有特殊性。目前还没有澳大利亚自然森林资源的经济损耗数据，但由于自然森林在自然资源中的占比很小，因此忽略其损耗不会对资产核算产生明显影响。这里没有考虑自然资源损耗造成的非货币影响，如破坏生态平衡、生物多样性等。其他自然资源，如渔业、植物群落、动物群落和其他未开发的生态资源的损耗很难量化，目前尚未有相关估计。

3. 自然资源估计的可靠性

值得注意的是，尽管在自然资源的核算方面做了大量努力和工作，但目前 ABS 对自然资源的估值还处在初级阶段，对估值结果需谨慎看待。在对自然资源进行分析时，应将现价价值和物量价值结合起来使用。同时也应注意，自然资源的物量估计同样受到资源总量的不确定性的影响，例如地下资产的储量是在现有技术和价格条件下估计得出的，可能存在误差，如果现有条件发生变化，自然资源的物量估计也可能是不准确的。

SNA2008 指出，自然资源的商业开采受市场波动影响，对期望净利润的估值也易受不确定性的影响而发生重大变化。由于自然资源的所有权不会在市场上频繁交易，很难获得合理的市场价格，因此在实践中有必要借鉴资产所有者自身对资产的定价。但这些数据在澳大利亚很难获得，ABS 只能计算这些资产的净现值。

由于非金融非生产资产的估值是推算出来的，只有少部分资源是持续统计的，只关注估值本身可能会误导人们对资源基础数量的认识。此外货币估计的波动性较大，容易让人过于乐观或悲观。因此应谨慎对待估计结果。

尽管如此，ABS 一直在努力通过咨询行业参与者和相关部门，参加相关国际会议和讨论等途径来提高估计的可靠性。

四、加拿大国家（政府）资产负债表编制经验

（一）概况

目前加拿大国家资产负债表针对其包含的每个部门都能够覆盖每个季度末相应部门的实物资产和金融资产信息，并且也能够覆盖每个季度末相应部门的债务货币价值的信息。加拿大国家资产负债表是由加拿大金融流动账户数据逐渐发展而来的，而加拿大金融流量账户起

源于加拿大皇家经济前景委员会（Royal Commission on Canadian Economic Prospects）1959年公布的《加拿大金融经济活动》（Financing Economic Activity in Canada，W. C. Hood）。包含原始的金融流量信息的年度数据最初涵盖年份是1946～1954年，这些信息被记录在国民交易账户中（National Transactions Accounts）。加拿大统计局在1968年开始以目前的格式公布首份季度金融流量数据，1968年公布的数据最早能够追溯到1962年。以1968年为开端，此后公布的信息大都是以季度为基础进行核算；而以年度为间隔进行核算的金融资产和负债数据最早能够追溯到1961年。这些不包括非金融资产和净值的估计信息在内的、不完整的国家资产负债表从1984年开始被以年度为基础的、完整的国家资产负债表代替。

在过去的20多年中，金融流量账户及国家资产负债表账户都在不断发展。1987年，加拿大统计局用一张信贷市场的总表将经过季节调整的金融市场活动纳入核算范围。1997年，加拿大统计局第一次发布经过季节调整的季度部门账户信息（包括收入、费用，资本，金融交易等方面的数据）。加拿大统计局从2003年开始发布以账面价值入账的季度国家资产负债表，在2003年发布的国家资产负债表中能够将起始年份追溯到1990年。在2004年，加拿大统计局将市场证券这一部分金融资产以其市场价值计价入账，并加入到国家资产负债表中。从2004年开始，加拿大统计局公布的国家资产负债表中的资产负债各项数据既包括账面价值信息，也包括市场价值信息。

2009年秋季加拿大统计局公布了修改之后的、金融和财富账户（Financial and Wealth Accounts）部门和类别细节。这些变动包括增加了一个新表：国民金融账户（National Financial Accounts），这个新增表及国民金融账户将加拿大国内经济活动的全部金融交易涵盖其中。

除此之外，加拿大统计局还将金融流量账户及国家资产负债表账户中的许多部门及类别加以整合，从而能够记录更多相关部门和类别的经济信息。经过这些改进和完善之后，加拿大国家资产负债表中的各类别账户中的市场估值信息都分别能够以季度和年度为间隔进行统计核算；国家资产负债表中涵盖的、所有部门的市场估值年度数据从1970年开始到今从未间断。

（二）编制方法

2012年的加拿大国民账户核算体系（CSNA2012）与联合国2008年国民账户核算体系相比，除了对国民账户核算体系的变量及术语方面二者的近似度达到99%，与以往相比相似度方面提高了近19%；部门也包含全部6个主要的部门，并且二者在对交易分类上的规定的重合度有99%，同时估值原则方面的近似度也有接近95%。总之，CSNA2012的具体规定与联合国2008年国民账户核算体系相差不大。

加拿大国家资产负债表（见表3－16）的核心是资产、负债的核算及财富和净值的概念。名义上财富积聚是国民核算账户中经济和金融活动以及金融流动账户相关活动各自运动的结果；当然这个过程中，伴随着资产和负债的价格变化。

表3－16　　加拿大国家资产负债表（账面价值）　　单位：百万加元

项　目	2010年	2011年
总资产	19736880	20679151
非金融资产	6510046	6829925
居民用建筑物	1801020	1905593
非居民用建筑物	1588577	1681043

续表

项　目	2010 年	2011 年
机械和设备	459426	451246
消费类耐用品	426831	441242
存货	229509	242389
土地	2004683	2108412
净金融资产	-196212	-214138
总金融资产	13226834	13849226
官方储备	55248	63887
加拿大流通货币及存款	1554016	1662603
外国货币及存款	257211	300679
消费者信用	435592	452051
贷款	560964	589020
抵押贷款	1180634	1260714
短期票据	333863	298617
债券	1501602	1518100
债券：储蓄债券	13638	12181
外国投资	404082	417678
股份	1736628	1819292
公司债券	1917934	2043175
政府债券	373737	388711
生命保险及退休金	1503928	1565453
贸易类应收账款	303182	313892
其他资产	1108213	1155354
债务及净值	19736880	20679151
债务	13423046	14063364
加拿大流通货币及存款	1581262	1692167
外国货币及存款	191716	254547
消费者信用	435592	452051
贷款	538462	550928
抵押贷款	1181107	1261018
短期票据	368175	364781

续表

项　目	2010 年	2011 年
债券	2069927	2131323
债券：储蓄债券	13638	12181
外国投资	0	0
股权	3044853	3182535
公司债券	757013	789129
政府债券	373737	388711
生命保险及退休金	1503928	1565453
贸易类应收账款	301866	321297
其他债务	1075408	1109424
净值	6313834	6615787

资料来源：Statistics Canada，National Balance Sheet Accounts：Data Tables，catalogue number 13 – 022 – X.

表 3 – 17　　加拿大国家资产负债表（市场价值）　　单位：百万加元

项　目	2010 年	2011 年
总资产	19736880	20679151
非金融资产	6510046	6829925
居民用建筑物	1801020	1905593
非居民用建筑物	1588577	1681043
机械和设备	459426	451246
消费类耐用品	426831	441242
存货	229509	242389
土地	2004683	2108412
净金融资产	– 196212	– 214138
总金融资产	13226834	13849226
官方储备	55248	63887
加拿大流通货币及存款	1554016	1662603
外国货币及存款	257211	300679
消费者信用	435592	452051
贷款	560964	589020

续表

项　目	2010 年	2011 年
抵押贷款	1180634	1260714
短期票据	333863	298617
债券	1501602	1518100
债券：储蓄债券	13638	12181
外国投资	404082	417678
股份	1736628	1819292
公司债券	1917934	2043175
政府债券	373737	388711
生命保险及退休金	1503928	1565453
贸易类应收账款	303182	313892
其他资产	1108213	1155354
债务及净值	19736880	20679151
债务	13423046	14063364
加拿大流通货币及存款	1581262	1692167
外国货币及存款	191716	254547
消费者信用	435592	452051
贷款	538462	550928
抵押贷款	1181107	1261018
短期票据	368175	364781
债券	2069927	2131323
债券：储蓄债券	13638	12181
外国投资	0	0
股权	3044853	3182535
公司债券	757013	789129
政府债券	373737	388711
生命保险及退休金	1503928	1565453
贸易类应收账款	301866	321297
其他债务	1075408	1109424
净值	6313834	6615787

资料来源：Statistics Canada，National Balance Sheet Accounts：Data Tables，catalogue number 13－022－X.

表 3－18　　加拿大政府部门资产负债表（账面价值）　　单位：百万加元

项　目	2010 年	2011 年
总资产	1745511	1827675
非金融资产	716910	774665
居民用建筑物	14651	15502
非居民用建筑物	508332	549605
机械及设备	41041	42286
存货	372	340
土地	152514	166932
净金融资产	－732131	－809635
总金融资产	1028601	1053010
加拿大流通货币及存款	33906	37002
外国货币及存款	599	1202
贷款	51919	51094
抵押贷款	11137	11141
短期票据	90693	90046
债券	152544	167784
外国投资	71479	71816
股权	81478	72288
公司债券	22166	29062
政府债券	355268	369692
贸易类应收账款	8852	9017
其他资产	148560	142866
债务及净值	1745511	1827675
债务	1760732	1862645
加拿大流通货币及存款	5320	5427
贷款	24288	25883
抵押贷款	1740	1740
短期票据	216671	212700
债券	910944	993106
债券：储蓄债券	13638	12181
政府债权	14984	15606

续表

项　目	2010 年	2011 年
生命保险及退休金	220682	226086
贸易类应收账款	45338	49590
其他债务	320765	332507
净值	－15221	－34970

资料来源：Statistics Canada，National Balance Sheet Accounts：Data Tables，catalogue number 13－022－X.

表 3－19　　加拿大政府部门资产负债表（市场价值）　　单位：百万加元

项　目	2010 年	2011 年
总资产	1762948	1855076
非金融资产	716910	774665
居民用建筑物	14651	15502
非居民用建筑物	508332	549605
机械及设备	41041	42286
存货	372	340
土地	152514	166932
净金融资产	－797376	－920283
总金融资产	1046038	1080411
加拿大流通货币及存款	33906	37002
外国货币及存款	599	1202
贷款	51919	51094
抵押贷款	11137	11141
短期票据	90693	90046
债券	163077	190610
外国投资	69068	70195
股权	90793	78484
公司债券	22166	29062
政府债券	355268	369692
贸易类应收账款	8852	9017
其他资产	148560	142866

续表

项　目	2010 年	2011 年
债务及净值	1762948	1855076
债务	1843414	2000694
加拿大流通货币及存款	5320	5427
贷款	24288	25883
抵押贷款	1740	1740
短期票据	216671	212700
债券	993626	1131155
债券：储蓄债券	13638	12181
政府债权	14984	15606
生命保险及退休金	220682	226086
贸易类应收账款	45338	49590
其他债务	320765	332507
净值	-80466	-145618

资料来源：Statistics Canada，National Balance Sheet Accounts：Data Tables，catalogue number 13-022-X.

加拿大国家资产负债表可以分为一系列部门的资产负债表，包括经济部门的非金融资产、金融资产、负债和净值在内的各个资产负债表。其中包括经济中的四个主要部门：个人及非公司制企业、公司、政府、非居民等。非居民部门的投资情况决定了加拿大在国际投资领域所处的位置。公司部门被分为众多的子部门，每个子部门都用相当多的信息来反应金融系统的重要性，其子部门的资产负债表中涉及许多的金融机构。政府部门核算的是政府水平的资产和负债情况，在国家资产负债表中总共有 30 个不同的部门。其中涉及的金融工具包括存款、债券、股票、短期票据、贸易账户、消费信贷、抵押贷款等。使用者可以通过信用市场获取各个部门的市场负债数据，政府部门的总负债和净负债数据，家庭部门资产或负债净值的结构，以及获得大机构投资者的资产构成情况等信息。

1. CSNA2012 中对国家资产负债表核算的修订情况

（1）对非金融资产的修订。包括：将研究和开发活动的支出进行资本化；对军事武器系统的支出进行资本化；对公司部门的非金融资产存量的估值进行优化；对政府部门的非金融资产存量的估值进行优化；在对居民资产存量进行估值时使用新的数据来源。

（2）对金融资产和负债的修订。包括：改进对衍生金融资产和衍生金融负债存量进行估值的一般方法；改进对股权、公司债权及政府债权，外国投资的分类方法；改进对未列示的股份的估值方法；对由数据源改进导致的估值变动进行统计修正。

（3）对股权和投资基金份额进行细分。在 CSNA1997 中仅有总股份一项会被列示出来，而在 CSNA2012 中总股份被进行了重新的分类，并且所有的这些科目都以其市场价值进行估算。其具体分类如表3－20。

表 3－20　　　CSNA2012 中股权和投资基金份额的细分

股权和投资基金份额
列示股份
未列示股份
其中包括：公司债权：股权
共同基金份额：股权
政府债权：股权
外国投资：股权

资料来源：CSNA2012。

2. 自然资源账户整合的困难与解决方案

加拿大拥有丰富的地表下的能源和矿产，以及森林中储藏的大量木材。据估计，加拿大上述自然资源财富的货币价值在2010 年的额度是 1.16 万亿加元。然而如何将上述资产计入到加拿大国家资产负债表中是一个巨大的难题。

（1）SNA2008 的指导原则及其局限性。SNA2008 在涉及资产的核算时，认为某个单位将某项资产计入其资产负债表中，是因为此单位对此资产具有经济上的所有权（SNA08 13.3 节），这是进行经济类核算的一条重要原则。但是在面对自然资源时，会出现经济上的所有者与法律意义上的所有者被分割的情况。

面对这一情况 SNA2008 认为，当某项自然资源是资源租借合约的对象时，此项自然资源资产应该被继续保留在出租方的资产负债表中，尽管在生产中使用此项自然资源资产的几乎所有经济风险和收益都归承租方所有。获得契约、租约和许可证之后如果能够现实可行地使用某项自然资源、被允许采取某些特殊的活动或者在排他性基础上被授予对未来货物或服务的所有权，那么这些种类的契约、租约和许可证仅在法律条文的存在能够给这些持有者带来超过出租方、自然资源所有人及许可证颁发者所支付的价格之外的利益的情形下，才能被视作资产。并且 SNA08 要求这些利益在法律及现实方面具有切实可行性。此外，SNA2008（13.52 节）还建议这些资产（即某项自然资源契约、租约或许可）只有在自然资源资产的价值明显且处在合适的市场价值水平内，自然资源租约才应该被记录到资产负债表中。而对其他非金融无形资产的核算，则应该遵从公司会计核算的要求进行记录。因为不存在将资产在其法律所有者及承租者之间进行分割从而使二者都满意的方法，那么就只有将全部资产计入其法律所有者的资产负债表中，而将承租者支付的款项计入租金项目中（SNA08 13.50 节）。上述解决方案是个次优的解决方法，因为试图建立一种能使所有经济参与方都满意的方法显然是不现实的。

（2）政府会计与公司会计准则的区别。政府财务报告中并不包含自然资源存量；截至日前更新的 IMF 政府财务报告手册中都没将自然资源存量纳入其中。政府是代替国民持有资产，尽管自然资源存量没法计入政府财务报告，但是政府财务报告中可以记录包括矿区土地使用费及自然资源使用权等收入在内的款项；当然上述每项收入都有与之对应的自然资源资产。

自然资源资产在公司会计核算标准中通常被视作无形资产（某项情形下也被视作表外损耗类资产）。自然资源资产记录进资产负债表的价值是以其入账取得的成本而不是其市场价值。自然资源资产能够用来出售（意味着对某项自然资源拥有债权），出售时以交易价格进行计价。同时，如果公司拥有自然资源资产的经济所有权，那么将会获得大量的收入及利润（这部分收入及利润很大程度上来自于租金）。公司会计核算对自然资源资产的计价能够反应公司拥有的自然资源资产份额的价值。

（3）CSAN2012 的解决办法。加拿大国民账户核算体系没有对任何实物资产进行分割的规定，也就是说，在加拿大国民账户核算体系里不能对自然资源资产分部门进行核算。至于如何处置与其收入相匹配的自然资源资产，加拿大国民账户核算体系认为假设前提成立的情况下，可以将其计入资产负债表中，第一，这些收入需要与未来矿权土地使用费及其他收益相关；第二，这些收入需与资本报酬相关。至于与无形资产相关的假设（无形资产，即拥有对实物资产存量的债权——开采矿产储量的权利等），其认为应该根据各方对其租金的占有份额计价入账。

（三）环境和资源会计核算系统（CSERA）

1. 简介

随着国际上环保主义思潮的兴起及各个国家内部的环保主义者施

加的政治压力，人们普遍意识到如果不妥善地解决环境和发展问题，那么人类的子孙可能在某个时间无法再享受到环境给予的恩赐。环境意识的觉醒意味着对环境信息的需求开始增加，人们开始关注经济活动与环境之间的关系。出于这方面的考虑，加拿大政府制定了“加拿大绿色计划”（1990 年），并于 1991 年要求加拿大统计局开发出一套能够将经济和环境联系起来的、对环境和自然资产进行会计核算的系统，加拿大环境和资源会计核算系统（Canadian System of Environmental and Resource Accounts，CSERA）就是因这个初衷而设立的。

尽管对环境进行量化和估值的概念并不新颖，与此相关的讨论和理论至今为止至少有 60 年了，但是直到 20 世纪 70 年代早期国际上才有官方统计机构出于这个目的而开发正式的系统。加拿大最早在环境和资源核算方面进行研究的起源可以追溯到 70 年代末 80 年代初（Friend and Rapport，1979；Friend，1981）。在此期间，代表人类活动与环境间关联的数据是使用环境压力反应统计系统（Stress-Response Environmental Statistical System，SRESS）来记录的。此系统主要是用来记录环境对各种人类活动压力的反应实况数据。尽管此系统作为收集实体数据的一种手段有其用处，但是其并不提供以货币计量的数据，并且其无法将制定政策过程中使用的众多经济变量与环境联系起来，也就是说此系统无法将环境与加拿大国民账户核算体系（CSNA）结合。

CSERA 建立在 SRESS 的基础之上，能够提供将实况数据与货币统计相结合的环境和资源核算信息，并且 CSERA 提供的统计信息很大程度上能够直接融入 CSNA 体系。这两个体系的融合实现了经济和环境信息的有效结合，是加拿大统计局历史上的里程碑。

2. 自然资源存量账户

CSERA 由三个主要部分组成：自然资源存量账户、矿产和能源流量账户和环境保护支出账户。

自然资源存量账户记录了自然资源存量的数量及每年由于人类及自然过程导致其存量发生的变化量。这些信息都是既包括实际数量单位也包括其货币计量单位，能够从根本上对加拿大国家资产负债表中自然资源财富数额进行估计。

此部分账户保护三个子账户：地下资源子账户（原油、天然气及其副产品、沥青及沥青砂、褐煤、次烟煤、生煤、金属、钾碱）、木材子账户（只有用来提供木材的森林才被记录，除此之外的娱乐用森林及野生生物栖息用森林等不被记录在此子账户中）、土地子账户（其包含有五个层次的信息：地基、地表、土地使用、潜在土地及土地价值）。这些账户的许多实际数量信息是从1961 年开始进行记录的，其时间序列货币价值信息是从70 年代中期开始记录的。除此之外，相关资源所属的地理区域信息也有记录。

除了记录地下资源经济上可恢复的储量之外，地下资产账户也提供补充性的、加拿大全部资源的基储量的信息。目前这些估计信息限制在1992 年调查的能源资源方面。（对全部资源基础储量的估计信息量很大并且会隔一段时间对这些信息进行修正；地下资源账户并不提供年度时间序列估值信息，而是提供间隔一定时间段的估值信息。）

木材资产子账户提供每年年初和年末木材存量数据信息及生产木材林场面积，并将收货木材及自然原因两方面导致的木材变动量数据录入其中，并且木材资产每年货币价值及其变动情况也会被记录其中。对国家及省级水平的木材实际数量及货币价值信息的记录都是从1961 年开始计量的，相关的时间序列数据一直持续至今。

历史上加拿大国家资产负债表在记录国民财富时只把农业用地、居民用地及商业建筑用地计入其中，而这些之外的自然资源资产都不在核算之内（CSERA 设立前）。土地资产子账户记录农业土地的起始年份是1901年，这要归功于加拿大农业统计局；对于其他用途的土地的记录开始于1971年，更加详细的、对加拿大全部领域范围内的地表数据的详细估值仅仅是从1991年开始的。

加拿大是在1997年开始对地下资产及木材资产进行估值的，这些数据将被融入加拿大国家资产负债表中。随后，已经被包含在加拿大国家资产负债表内的土地估值信息将会得到进一步完善并且国家资产负债表将会把其他类型的土地估值信息纳入核算。一旦有可靠的数据来源及合适的估值方法，生物资产（不包括木材）和水在未来也将会被纳入国家资产负债表的核算之中。

3. 矿产和能源流量账户

根据投入产出表能够对加拿大161个行业及136个部门对矿产和能源生产量及消耗量的最终需求的估计数。此账户记录了矿产和能源的年度流量的细节。矿产和能源流量账户使用行业、家庭和政府部门的分类标准，并与加拿大统计局的投入产出账户分类标准保持一致，从而反映超过160个行业的数据信息以及家庭和政府部门的经济活动信息。矿产和能源流量账户与加拿大投入产出表的结合最早可以追溯到1987年。从此之后，就能够将矿产和能源流量账户中的环境数据信息与投入产出表中的经济活动信息直接地、简单地连接起来。从经验上来讲，矿产和能源流量账户的发展和完善需要集中解决温室气体排放、能源、水源、海鱼和贝类等的核算问题。相关的时间序列数据根据其入账的时间年份不同而有差异。其中对能源、水源及温室气体的入账计量自1981年开始，将海底资源纳入计量范畴开始于1961年，而对农业产品的计量是最早的，相关数据自1951年就在不断更新。

4. 环境保护支出账户

人类经济活动对环境的影响今年来逐渐成为不断吸引公众眼球的一件事情。为了改善人类与环境的关系，企业、家庭及政府花费了大量财力来保护环境。由此一些人认为环境保护方面的支出是维持自然资本的更新功能的部分成本，因此在国民核算体系中需要将这部分支出予以排除；不过加拿大统计局目前还没有以这种方式将 GDP 或 NDP 进行修订的计划。环境保护支出账户由三部分组成：家庭对环境保护的支出、政府目前在环境保护方面的资本支出以及政府间或部门间有关环境保护方面用途的政府转移支付支出、企业在环境保护方面付出的资本支出以及运行成本支出。环境保护方面的资本支出项目与其他支出差别很大，并且转移支付支出也被分开与其他支出分别报告。环境保护支出核算的难点在于多目的的支出项目如何计量。显然专门用来保护环境的支出要计入此账户之中，但是如何处理多目的的支出项目呢？这要根据环境保护支出的定义以及环境管理或传统的规定来办理。环境保护管理或者传统规定中的条款详细说明了哪些是名义上不清楚的支出。环境保护支出账户发展之前，企业部门环境保护支出的信息很难获得。为了克服这个问题，设计了一项新的商业调查并且其目的就是明确地搜寻环境保护支出数据。此项调查与加拿大统计局的调查数据结合组成了企业部门环境保护支出数据的基础。对企业部门的环境保护支出数据的估计是从 1985 年开始的。

尽管获取构成环境保护支出账户一部分的政府环境保护支出数据面临许多挑战，但是对此部分数据的估计很早就开始了。全部的政府支出数据在 1970～1971 财政年度开始就能够获得。在报告年度内将总支出在经常性支出和资本性支出两个类别上进行分开的数据是从 1985 年开始有记录的。

家庭部门的环境保护支出的数据来源及方法是完全通过调查获取的。关注的支出是限制在与汽车污染和噪音控制设备以及政府不提供的固体废物处理及污物处理方面的家庭支出成本。

五、英国国家（政府）资产负债表编制经验

（一）概况

在1966年，英国经济学家、剑桥大学教授Revell（1966）根据联合国1964年颁布的“旧SNA”第二次修正版，估计了英国在1957～1961年间的国家资产负债表。Revell在论文中讨论了国家资产负债表编制中的理论基础和技术问题，例如他讨论了部门的划分、资产的分类、估值的方法和数据来源等，进一步，他还把英国的国家资产负债表与美国的资产负债表进行了比较。

1975年起，英国国家统计局（Office for National Statistics，ONS）每年都会以蓝皮书的形式发布国家和部门的资产负债表，但是一直没有详细说明资产负债表的编制方法和数据来源。直到1987年，ONS首次在其内部刊物Economic Trends上详细、完整地公布了国家和部门资产负债表的编制方法和数据来源等，此后直到1998年在方法论、数据来源和前提假设上都没有发生大的变化。

1998年，按照1995年推出的欧洲统一经济账户体系（European System of Integrated Economic Accounts，ESA）对非金融资产负债表进行了修正。同时在1998年ONS在其内部刊物Economic Trends发表了一篇文献《Developing the Public Sector Balance Sheets》提出了改善公共部门资产负债表并把其和财政政策相结合。

1998年，英国国家统计局按照ESA1995标准重新编制了1987～

1997年的国家资产负债表，1999年更新了数据来源和部分估值方法后再次重新编制，2000年确认新方法，恢复在政府蓝皮书中每年定期发布的惯例。因此，在英国国家统计局网站可以直接下载英国国家统计局编制的英国国家和部门的资产负债表。

（二）编制方法

1. 资产负债表的分类

（1）资产负债表的范围尽可能地遵循关于资产负债表的国际指导原则。根据这些原则，有形资产区分为可再生资产和不可再生资产。可再生资产包括建筑物、工厂和机器、交通运输工具等。有形的非生产资产包括土地、森林等。但是，有两类有形可再生资源被排除在外，即军事耐用品和消费耐用品。然而，消费耐用品应该在居民部门的资产负债表加以补充说明，因为消费耐用品是居民生活水平的一个重要组成部分。

（2）有形不可再生资产包括土地（Land）、森林（Woodlands）、土地下的存储物（Subsoil Deposits）等。为了与联合国国民账户体系（SNA）一致，仅当这些有形不可再生资产在出售或者购买时才会记录在资产负债表中。对于这样的不可再生资产的估价采用市场的交易价格，或者即使没有被直接交易，也同样可以采用市场价格。例如，土地同土地之上的建筑物是不可分割的，土地同土地之上的建筑物是一起买或者卖的，因此在买卖建筑物的同时也就买卖了土地，从而土地即使没有被直接交易，同样也可以采用市场价值对土地进行估值。森林也同样要被包括进入资产负债表中。但是土地之下的存储物并没有被包括进入资产负债表中，其原因是估值非常困难。任何估值都存在非常大的困难，比如石油储备随着勘探的深入，对于其存储量的估计也一直在改变。但是，英国的煤、石油和天然气的存储量在补充的报表中进行了详细地说明。

（3）虽然对于具有历史意义的建筑的估值是建立在其现存使用的基础之上，但是并不存在一个可靠的估值。艺术品的价值也没有包括在资产负债表中，即使其具有市场价值。古董也没有包括在资产负债表中。

（4）在各种无形资产中，金融资产和金融负债非常容易就可以估计其价值。但是，无形非金融资产会有许多的问题。SNA 建议无形非金融资产（专利权、版权、商标和土地及其建筑物的租赁权）应该统计其交易的市场价值。由于英国的流量账户并没有统计这些无形资产（专利权、版权和商标）的交易，因此英国的资产负债表没有包括这些项目。但是，英国的流量账户统计了租赁权的交易，这些租赁权具有其市场价值，因此租赁权的市场价值作为土地及其之上的建筑物的部分价值，反映在资产负债表中。

（5）无形非金融资产还应该包括气候和人力资本。知识和技能存储的人力资本应该被包括进一个国家的财富报表中。但是，之所以没有包括在资产负债表中，一方面是由于估值的困难，另一方面是确保在流量账户中与当前教育和培训支出的一致性，因为人力资本部分已经反映在了当前的教育和培训支出之中。

2. 英国国家统计局的改进措施

在 1998 年，英国国家统计局在其内部刊物 *Economic Trends* 上发表了两篇文献，分别是《Improving Non-Financial Balance Sheets》和《Developing the Public Sector Balance Sheets》，前者主要对非金融资产的核算范围进行了改进，后者则对公共部门的资产负债表进行了改进，将其和财政政策分析相结合。

（1）对非金融资产的改进。

①在有形资产中，将奶牛、猪等良种畜和可用于民用的军事建筑首次列入固定资产。将计算机软件、艺术品原创作品和采矿权纳入无形生产性资产，此前的无形资产仅包括房屋租赁权。

②中央政府部门扩大了土木工程在建项目的覆盖范围，并用当前市值法取代历史成本法。地方政府的房屋和商业建筑等数据直接来自CIPFA（Chartered Institute of Public Finance and Accountancy），公路仍然采用历史成本法且不包括下面的土地价值。机器、设备和计算机软件仍然采用永续盘存法。

③20世纪80年代，英国的大规模私有化公用事业企业，大量的土木工程项目从公有变为私有，相应的数据从公共部门资产负债表转入非金融企业资产负债表。从1998年起，又增加了新的数据来源——企业年报和监管机构发布的各种报告，根据新数据估计出土木工程价值大大上升。

④1998年对资本存量估计的改进包括两个方面：一是直接从企业收集资本存量数据；二是用正态分布取代均匀分布设定企业报废资产的年限。此外，还调整了资本存量的资产范围。例如，把未砍伐的森林树木计入“养殖性资产的在制品”；商船按照载重量而非资本投入计算资本存量，并且覆盖的范围放宽到“英国所有”，因此商船的总载重增加了15%；可用于民用的军事建筑也纳入了资本存量的计算，且为不同种类的资产设定了不同的使用年限。

（2）对公共部门的改进。

1997年，英国的财政大臣在当年的财政预算中正式提出了黄金规则（Golden Rule）和可持续性投资规则（Sustainable Investment Rule）指导财政政策，《财政预算报告》中首次出现公共部门净资产数据及其预测值。黄金规则指不能用发行国债来弥补经常性赤字。可持续性规则要求控制公共债务水平，公共部门净债务占GDP的比重在整个经济周期中保持稳定和审慎的水平。在此之前，英国财政政策强调“可持续性”，最主要的指标是公共部门的借款数量和债务水平。但是，财政政策通过微观和宏观两个渠道对经济产生影响，而债务水平指标只关注财政政策的一个方面。因此，财政政策单个指标不能全面体现财政政策发生作用的机制。公共部门资产负债表可以大大改进财政政策指标。公共部门资产负债表不但能够显示出某一时点上公共部门的资产和负债以何种形式存在，而且还可以积累历史数据，观察其随时间变动的趋势。在考察财政政策的可持续性时，比传统的借款和债务数据更具有信息优势。

3. 部门分类

英国国家统计局将整个经济分为以下七个部门。

（1）居民部门（Persons）。常住英国的居民、没有被包括进商业的个体和合伙经营企业、私人信托、慈善机构和其他私人服务于居民的非盈利机构，包括大学、教堂、许多的私立学校、俱乐部、社团和工会等。

（2）工业和商业公司部门（Industrial and Commercial Companies）。所有依据英国《公司法》设定的机构，但是银行和其他金融机构排除在外。

（3）货币部门（Monetary Sector）。所有的按照1979年《银行法》设定的银行机构。

（4）其他金融机构（Other Financial Institutions）。金融中介，包括保险公司、养老基金、信贷公司、房屋互助协会、投资信托、其他单位信托。

（5）公共公司（Public Corporations）。公共所有或者控制的，但是对于权力当局具有一定的独立性的公司。

（6）地方当局（Local Authorities）。按照《地方政府法案》成立的机构。

（7）中央政府（Central Government）。政府部门。

英国除了以上七个部门，再加上国家资产负债表的总表之外，还附加了一张表，即石油和天然气储备的自然资源表。在经过对非金融资产和公共部门调整以及后来的陆续完善之后，英国国家资产负债表包括 4 个一级部门，10 个二级部门，外加一张国家资产负债表总表（见表 3－21）。

表 3－21　　　　英国国家部门分类表

<table>
<tr><th>一级部门</th><th colspan="2">二级部门</th></tr>
<tr><td rowspan="2">非金融公司</td><td colspan="2">私人非金融公司</td></tr>
<tr><td>公共非金融公司</td><td rowspan="3">公共部门</td></tr>
<tr><td rowspan="2">政府部门</td><td>中央政府</td></tr>
<tr><td>地方政府</td></tr>
<tr><td rowspan="4">金融性公司</td><td>货币性金融机构</td><td></td></tr>
<tr><td>其他金融中介和金融辅助机构</td><td></td></tr>
<tr><td>保险公司</td><td></td></tr>
<tr><td>养老基金</td><td></td></tr>
<tr><td rowspan="2">居民部门</td><td>家庭</td><td></td></tr>
<tr><td>服务于居民的非营利性机构</td><td></td></tr>
<tr><td colspan="3">附加报告</td></tr>
<tr><td>油气储备</td><td></td><td></td></tr>
<tr><td>能源消费</td><td></td><td></td></tr>
<tr><td>大气排放</td><td></td><td></td></tr>
</table>

资料来源：ONS，作者自制。

英国国家统计局除了编制国际资产负债表以外，每一年年末还对该国的大气排放和油气储备、能源消费资源环境进行了报告（详见表 3－22～表 3－25）。

表 3－22　　英国大气排放

	温室气体排放总量	二氧化碳（CO_2）	甲烷（CH_4）	氧化氮（N_2O）	氢氟碳化物（HFCs）	硼氟碳化物（PFCs）	六氟化硫（SF_6）
千吨二氧化碳当量							
农业、林业和渔业	53148	6206	17769	29141	33	—	—
采矿、采石业	21579	17956	3233	382	9	—	—
制造业	97763	95009	337	875	1037	319	187
电力、燃气、热力与空调供应；供水、排水、废物管理与修补	183994	161677	19593	2220	77	6	421
建筑	10109	9425	17	331	336	—	—
批发/零售贸易；汽车与机动车修理	16676	12092	9	127	4448	—	—
仓储运输；信息通讯	91305	89524	173	845	764	—	—
住宿、餐饮服务	3009	2388	—	15	86	—	—
金融、保险活动	230	129	—	15	86	—	—
房地产活动；专业科学技术活动；行政支持服务活动	5292	4501	5	35	751	—	—
公共管理与国防；强制社保	6275	6001	7	54	213	—	—
教育	3366	3117	5	21	223	—	—
人口健康与社工活动	4704	4343	9	9	343	—	—
艺术、娱乐、休闲；其他服务活动	2409	2174	3	16	215	—	—

续表

	温室气体排放总量	二氧化碳（CO_2）	甲烷（CH_4）	氧化氮（N_2O）	氢氟碳化物（HFCs）	硼氟碳化物（PFCs）	六氟化硫（SF_6）
住户自营活动；无差别的住户自用商品与服务生产活动	230	228	1	1	—	—	—
消费支出	134678	128197	557	559	5365	—	—
合计①	634765	542966	41722	34652	14493	325	607
其中，公路运输的排放量②	113241	112323	61	858	—	—	—

	酸雨前体总量	二氧化硫（SO_2）	氮氧化物（NO_X）	氨（NH_3）
千吨二氧化碳当量				
农业、林业和渔业	473	—	24	448
采矿、采石业	55	8	47	—
制造业	280	149	121	10
电力、燃气、热力与空调供应；供水、排水、废物管理与修补	369	168	174	28
建筑	33	—	33	—
批发/零售贸易；汽车与机动车修理	31	—	30	—
仓储运输；信息通讯	591	157	433	1
住宿、餐饮服务	3	—	3	—
金融、保险活动	1	—	1	—
房地产活动；专业科学技术活动；行政支持服务活动	9	—	9	—
公共管理与国防；强制社保	34	6	21	7

续表

	酸雨前体总量	二氧化硫（SO_2）	氮氧化物（NO_X）	氨（NH_3）
教育	10	6	4	—
人口健康与社工活动	5	1	5	—
艺术、娱乐、休闲；其他服务活动	11	1	3	7
住户自营活动；无差别的住户自用商品与服务生产活动	—	—	—	—
消费支出	197	34	121	42
合计（不包括自然界的排放数据）	2101	529	1028	544
其中，公路运输的排放量[②]	257	—	239	17

	千吨						吨		
	PM10[③]	PM2.5[③]	CO	NMVOC[④]	苯	丁二烯	铅	镉	汞
农业、林业和渔业	21.09	7.94	69.69	82.79	0.14	0.05	0.43	0.04	0.02
采矿、采石业	7.91	3.67	31.22	85.06	0.43	—	0.32	0.05	0.02
制造业	22.93	14.20	544.41	266.37	1.18	0.37	44.75	1.73	2.91
电力、燃气、热力与空调供应；供水、排水、废物管理与修补	7.38	4.55	92.50	65.57	1.49	0.06	4.03	0.19	1.74
建筑	4.78	3.67	189.67	50.57	0.55	0.16	0.28	0.04	0.01
批发/零售贸易；汽车与机动车修理	2.98	2.15	22.22	39.86	0.11	0.05	1.75	0.04	0.01
仓储运输；信息通讯	41.79	38.47	124.00	33.59	3.17	0.43	3.61	1.58	0.10
住宿、餐饮服务	0.30	0.26	2.79	0.77	0.02	—	0.02	—	—

续表

	千吨						吨		
	PM10[3]	PM2.5[3]	CO	NMVOC[4]	苯	丁二烯	铅	镉	汞
金融、保险活动	0.11	0.10	0.65	0.25	—	—	0.01	—	—
房地产活动；专业科学技术活动；行政支持服务活动	0.87	0.69	22.00	1.92	0.08	0.03	0.05	0.01	—
公共管理与国防；强制社保	1.07	0.96	25.78	2.74	0.18	0.03	0.16	0.03	0.01
教育	0.65	0.34	3.35	0.32	0.01	—	0.83	0.01	0.07
人口健康与社工活动	0.27	0.22	5.04	1.16	0.02	—	0.02	0.01	—
艺术、娱乐、休闲；其他服务活动	0.37	0.27	5.86	2.12	0.02	0.01	0.10	0.01	0.65
住户自营活动；无差别的住户自用商品与服务生产活动	—	—	48.49	2.94	0.20	0.04	—	—	—
消费支出	34.52	22.08	1012.26	201.53	3.07	0.59	5.07	0.39	0.19
合计[1]（不包括自然界的排放数据）	147.02	99.57	2199.92	837.56	10.67	1.82	61.46	4.14	5.72
其中，公路运输的排放量[2]	23.86	17.15	739.80	44.13	2.15	0.76	1.56	0.37	—

注：1. 由于取整的原因，分项加总可能与合计数有出入。

2. 包括了所有行业公路交通工具（例如，重载车辆、轻载车辆、小汽车和摩托车等）的燃料排放。

3. PM10 是一种特殊物质，来源于燃料燃烧、采石和建筑，以及与大气中的二氧化硫、一氧化氮、甲烷及 NMVOC（非甲烷挥发性有机化合物）等其他污染物发生反应形成二级颗粒等多种渠道。PM2.5 的中文名称为细颗粒物，指环境中直径小于 2.5 微米的颗粒物。

4. 非甲烷挥发性有机化合物包括苯和 1，3－丁二烯。

资料来源：AEA 能源与环境，ONS。

表 3-23　英国温室气体排放和酸雨

千吨 CO_2 当量		代码	2004 年	2005 年	2006 年	2007 年	2008 年	2009 年	2010 年	2011 年
温室气体：CO_2、CH_4、N_2O、HFC、PFC 和 $SF_6$②	农业、林业和渔业	K8AQ	57190	56840	55109	53595	53242	53428	53242	53148
	采矿、采石业	K8AR	29131	27620	25390	24748	23926	23533	23238	21579
	制造业	K8AS	123010	120593	116616	116445	113360	96985	97908	97763
	电力、燃气、热力与空调供应；供水、排水、废物管理与修补	K8AT	214227	216033	223875	219141	213791	191131	197275	183994
	建筑	K8AU	10977	11344	11191	11729	11330	10174	10373	10109
	批发/零售贸易；汽车与机动车修理	K8AV	15686	15926	16092	16695	16446	16871	17614	16676
	仓储运输；信息通讯	K8AW	97700	101975	94804	95884	94656	87115	88159	91305
	住宿、餐饮服务	K8AX	3498	3482	3251	3184	3211	3158	3298	3009
	金融、保险活动	K8B2	225	238	241	268	264	229	237	230
	房地产活动；专业科学技术活动；行政支持服务活动	KI4H	6013	6132	6028	6053	6068	5477	5581	5292
	公共管理与国防；强制社保	K8AY	9290	7787	8162	8124	7645	6933	6820	6275
	教育	K8AZ	3671	4169	4073	4000	3910	3472	3663	3366
	人口健康与社工活动	KI4I	5198	5939	5342	5213	5329	5052	5277	4704
	艺术、娱乐、休闲；其他服务活动	KI4J	2895	3024	2821	2700	2796	2721	2564	2409

续表

千吨 CO_2 当量		代码	2004 年	2005 年	2006 年	2007 年	2008 年	2009 年	2010 年	2011 年
温室气体：CO_2、CH_4、N_2O、HFC、PFC 和 SF_6[②]	住户自营活动；无差别的住户自用商品与服务生产活动	KI4K	217	219	220	222	224	226	228	230
	消费支出	K8B4	162179	158139	155737	151980	152655	146028	155675	134678
	合计（温室气体排放）	K8B5	741107	739458	728949	719979	708853	651531	671152	634765
	其中，所有行业的公路运输排放量[③]	K8B6	120814	121348	121044	123533	119411	115643	115012	113241
千吨 SO_2 当量			2004 年	2005 年	2006 年	2007 年	2008 年	2009 年	2010 年	2011 年
酸雨前体排放 SO_2、NOx、NH_4[④]	农业、林业和渔业	K8B9	534	521	513	496	470	470	471	473
	采矿、采石业	K8BA	66	66	56	62	64	59	58	55
	制造业	K8BB	406	403	372	364	348	291	292	280
	电力、燃气、热力与空调供应；供水、排水、废物管理与修补	K8BC	803	693	678	580	449	378	385	369
	建筑	K8BD	55	55	50	51	46	38	38	33
	批发/零售贸易；汽车与机动车修理	K8BE	45	43	42	42	39	38	36	31
	仓储运输；信息通讯	K8BF	1004	999	740	768	723	593	591	591
	住宿、餐饮服务	K8BG	5	5	5	5	5	4	4	3
	金融、保险活动	K8BJ	1	2	1	2	1	1	1	1

续表

千吨 SO_2 当量		代码	2004 年	2005 年	2006 年	2007 年	2008 年	2009 年	2010 年	2011 年
酸雨前体排放 SO_2、NOx、$NH_4$④	房地产活动；专业科学技术活动；行政支持服务活动	KI4L	13	13	13	12	12	10	10	9
	公共管理与国防；强制社保	KI4M	41	33	36	40	39	37	37	34
	教育	KI4N	7	13	11	11	10	9	10	10
	人口健康与社工活动	KI4O	6	6	6	6	6	5	5	5
	艺术、娱乐、休闲；其他服务活动	K8BH	12	12	14	11	12	12	11	11
	住户自营活动；无差别的住户自用商品与服务生产活动	K8BI	—	—	—	—	—	—	—	—
	消费支出	K8BL	315	291	279	259	255	219	215	197
	合计①（酸雨前体排放，不包括自然界的排放）	K8BM	3314	3156	2814	2708	2480	2165	2164	2101
	其中，所有行业的公路运输排放量③	K8BN	448	425	409	389	362	299	281	257

注：①由于取整的原因，表中的分项加总可能与合计数有出入。

②二氧化碳、甲烷、氮氧化物、氢氟碳化物、硼氟碳化物和六氟化硫都以千吨二氧化碳当量形式表示。

③包括了所有行业的公路交通工具（例如，重载车辆、轻载车辆、小汽车和摩托车等）的燃料排放。

④二氧化硫、氮氧化物和氨以千吨二氧化硫当量表示。

资料来源：AEA 能源与环境，ONS。

表 3-24　　英国油气储备

			代码	2002 年	2003 年	2004 年	2005 年	2006 年	2007 年	2008 年	2009 年	2010 年	2011 年
原油（百万吨）	储量	探明储量	K7MJ	595	571	533	516	479	452	408	378	374	413
		控制储量	K7MJ	325	286	283	300	298	328	361	390	377	374
		探明储量加控制储量	K7MK	920	857	816	816	776	780	770	769	751	788
		可能储量	K7ML	425	410	512	451	478	399	360	343	342	319
		最大储量	K7MM	1345	1267	1328	1267	1254	1179	1130	1112	1093	1106
	待发现资源范围	下限	K7MN	272	323	396	346	438	379	454	397	475	422
		上限	K7MO	1770	1826	1830	1581	1637	1577	1561	1477	1374	1321
	总储量范围	下限②	K7MP	867	894	929	862	917	831	862	775	849	835
		上限③	K7MQ	3115	3093	3158	2848	2891	2756	2691	2589	2467	2427
	储量预期水平④	开盘库存	K7MR	955	920	857	816	816	776	780	770	769	751
		采掘⑤	K7MS	-116	-106	-95	-85	-77	-77	-72	-68	-63	-52
		其他体积变化	K7MT	81	43	54	85	37	81	62	67	45	89
		收盘库存	K7MU	920	857	816	816	776	780	770	769	751	788

续表

			代码	2002 年	2003 年	2004 年	2005 年	2006 年	2007 年	2008 年	2009 年	2010 年	2011 年
天然气（十亿立方米）	储量	探明储量	K7MV	630	590	531	481	412	343	292	256	253	246
		控制储量	K7MW	370	315	296	247	272	304	309	308	267	246
		探明储量加控制储量	K7MX	1000	905	826	728	684	647	601	564	520	493
		可能储量	K7MY	330	336	343	278	283	293	306	276	261	216
		最大储量	K7MZ	1330	1241	1169	1006	967	940	907	840	761	709
	待发现资源范围	下限	K7M2	238	279	293	226	301	280	319	300	363	353
		上限	K7M3	1386	1259	1245	1035	1049	1039	1043	949	1021	977
	总储量范围	上限	K7M4	868	869	824	707	713	623	611	556	616	599
		下限	K7M5	2716	2500	2414	2041	2016	1979	1950	1789	1802	1686
	储量预期水平	开盘库存	K7M6	1100	1000	905	826	728	684	647	601	564	520
		采掘	K7M7	−102	−102	−95	−86	−78	−70	−68	−57	−55	−43
		其他体积变化	K7M8	2	7	16	−12	34	33	22	20	10	16
		收盘库存	K7M9	1000	905	826	728	684	647	601	564	520	493

注：①表中的所有数据均以年底数据为准。由于取整的原因，分项加总可能与合计数有出入。

②总储量范围下限等于探明储量加上待开发资源范围下限。

③总储量范围上限等于探明储量、控制储量、可能储量和待开发资源范围上限之和。

④预期储量等于探明储量、控制储量、待开发资源范围下限之和。

⑤此处采掘量为负值是为了方便计算。采掘量本身应被看作正值。

资料来源：ONS 和能源与气候变化部（DECC）

表 3－25 英国能源消费 单位：百万吨原油当量

	代码	2004 年	2005 年	2006 年	2007 年	2008 年	2009 年	2010 年	2011 年
矿物燃料能源的直接应用									
农业、林业、渔业	K7YT	2.0	2.0	1.9	1.8	1.9	1.8	1.9	1.9
采矿、采石业	K7YU	7.8	7.5	7.0	6.6	6.5	6.4	6.4	5.8
制造业	K7YV	39.0	38.6	37.6	36.8	36.6	31.8	31.9	32.2
电力、燃气、热力与空调供应；供水、排水、废物管理与修补	K7YW	59.9	60.5	62.3	62.4	61.9	55.1	57.1	51.3
建筑	K7YX	3.6	3.7	3.7	3.8	3.6	3.3	3.3	3.3
批发/零售贸易；汽车与机动车修理	K7YY	4.7	4.7	4.6	4.7	4.5	4.6	4.7	4.4
仓储运输；信息通讯	K7YZ	32.9	34.4	32.0	32.3	31.7	29.2	29.5	30.6
住宿、餐饮服务	K7ZS	1.5	1.4	1.3	1.3	1.3	1.1	1.2	1.1
金融、保险活动	K8BZ	0.1	0.1	0.1	0.1	0.1	0.1	0.1	—
房地产活动；专业科学技术活动；行政支持服务活动	K8C2	2.2	2.2	2.1	2.1	2.1	1.8	1.9	1.7
公共管理与国防；强制社保	K7Z3	3.6	3.0	3.1	3.1	2.9	2.6	2.5	2.3
教育	K7Z4	1.5	1.7	1.6	1.6	1.6	1.4	1.5	1.3
人口健康与社工活动	K8C3	2.3	2.6	2.3	2.3	2.3	2.2	2.3	2.0
艺术、娱乐、休闲；其他服务活动	K8C4	1.1	1.2	1.1	1.0	1.1	1.0	1.0	0.9
住户自营活动；无差别的住户自用商品与服务生产活动	K8C5	0.1	0.1	0.1	0.1	0.1	0.1	0.1	0.1
消费支出	K7Z7	62.3	60.3	59.1	57.3	57.5	54.4	58.8	49.4

续表

	代码	2004年	2005年	2006年	2007年	2008年	2009年	2010年	2011年
矿物燃料能源的总使用量	K7Z8	224.4	223.8	219.8	217.2	215.4	196.8	204.0	188.2
其他能源渠道②	K7Z9	22.8	23.7	22.8	19.8	19.1	22.6	21.9	24.9
初级燃料当量的总能源消耗	K7ZA	247.3	247.6	242.6	237.0	234.5	219.3	225.9	213.1
其他渠道能源的直接使用									
农业、林业、渔业	K7ZB	2.4	2.4	2.3	2.3	2.4	2.3	2.4	2.4
采矿、采石业	K7ZC	8.0	7.7	7.2	6.8	6.7	6.6	6.6	5.9
制造业	K7ZD	46.9	46.5	45.6	44.9	44.6	39.0	39.6	40.0
电力、燃气、热力与空调供应；供水、排水、废物管理与修补	K7ZE	55. 1	55. 9	57	54	52. 5	50. 6	50. 8	49
其中，主要生产商的转换损耗	K7ZF	45.6	46.6	47.3	44.8	43	40.9	41.1	39.3
以及电力供应的分配过程损耗	K7ZG	2.6	2.4	2.4	2.4	2.4	2.4	2.3	2.4
建筑	K7ZH	3.8	3.9	3.8	4.0	3.9	3.5	3.5	3.4
批发/零售贸易；汽车与机动车修理	K7ZI	7.2	7.3	7.1	7.2	7.2	7.1	7.4	7.0
仓储运输；信息通讯	K7ZJ	34.3	35.9	33.5	33.8	33.4	30.8	31.2	32.2
住宿、餐饮服务	K7ZN	2.1	2.1	1.9	1.9	1.9	1.7	1.7	1.6
金融、保险活动	K8C7	0.9	0.9	0.9	0.9	0.9	0.9	0.9	0.9
房地产活动；专业科学技术活动；行政支持服务活动	K8C8	2.9	3.0	2.9	3.0	2.9	2.7	2.7	2.5
公共管理与国防；强制社保	K7ZL	4.3	3.6	3.7	3.6	3.5	3.0	2.9	2.7

续表

	代码	2004 年	2005 年	2006 年	2007 年	2008 年	2009 年	2010 年	2011 年
教育	K7ZM	1.8	1.9	1.8	1.8	1.7	1.5	1.6	1.4
人口健康与社工活动	K8C9	2.6	3.0	2.8	2.7	2.8	2.5	2.6	2.3
艺术、娱乐、休闲；其他服务活动	K8CA	1.6	1.7	1.7	1.7	1.7	1.7	1.7	1.6
住户自营活动；无差别的住户自用商品与服务生产活动	K8CB	0.1	0.1	0.1	0.1	0.1	0.1	0.1	0.1
消费支出	K7ZP	73.2	71.5	70.2	68.4	68.5	65.5	70.1	60.1
初级燃料当量的总能源消耗	K7ZA	247.3	247.6	242.6	237.0	234.5	219.3	225.9	213.1
能源使用的再分配									
能源行业电力转换损耗和消费终端分配损耗在各最终用户端的分配情况									
农业、林业、渔业	K7ZR	3.0	3.0	2.9	2.8	2.9	2.8	3.0	2.9
采矿、采石业	K7ZS	8.4	8.2	7.5	7.1	7.0	6.9	6.9	6.2
制造业	K7ZT	59.1	58.9	58.2	57.2	56.5	49.4	50.5	50.5
电力、燃气、热力与空调供应；供水、排水、废物管理与修补	K7ZU	10.7	11.0	11.6	10.8	10.8	11.0	11.0	10.7
建筑	K7ZV	4.1	4.2	4.1	4.2	4.1	3.7	3.8	3.7
批发/零售贸易；汽车与机动车修理	K7ZW	11.4	11.5	11.3	11.2	11.2	10.9	11.4	10.9
仓储运输；信息通讯	K7ZX	36.6	38.3	35.9	36.0	35.6	32.9	33.4	34.4
住宿、餐饮服务	K823	3.1	3.2	3.0	2.8	2.8	2.6	2.6	2.5

续表

	代码	2004 年	2005 年	2006 年	2007 年	2008 年	2009 年	2010 年	2011 年
金融、保险活动	K8CD	2.2	2.3	2.3	2.3	2.2	2.3	23	2.3
房地产活动；专业科学技术活动；行政支持服务活动	K8CE	4.2	4.4	4.3	4.3	4.3	4.0	3.9	3.8
公共管理与国防；强制社保	K7ZZ	5.4	4.7	4.7	4.5	4.3	3.7	3.6	3.3
教育	K822	2.4	2.3	2.1	2.1	2.0	1.6	1.7	1.5
人口健康与社工活动	K8CF	3.2	3.8	3.7	3.5	3.5	3.0	3.2	2.7
艺术、娱乐、休闲；其他服务活动	K8CG	2.5	2.7	2.7	2.7	2.7	2.7	2.8	2.7
住户自营活动；无差别的住户自用商品与服务生产活动	K8CH	0.1	0.1	0.1	0.1	0.1	0.1	0.1	0.1
消费支出	K825	91.0	89.2	88.2	85.4	84.6	81.6	86.0	75.1
初级燃料当量的总能源消耗	K7ZA	247.3	247.6	242.6	237.0	234.5	219.3	225.9	213.1
可再生和废物利用能源③	K827	4.0	4.7	5.0	5.3	6.3	7.1	7.7	8.8
可再生和废物利用能源所占百分比③	K828	1.6	1.9	2.1	2.3	2.7	3.2	3.4	4.1

注：①由于取整的原因，表中的分项加总可能与合计数有出入。

②核能、电力输入、可再生和废物利用能源。

③可再生能源包括太阳能，以及风力、波浪、潮汐、水力、木材、秸秆、液态生物燃料和沼气等能源渠道。填埋气体、家禽养殖垃圾、城市固体废弃物的燃烧也都含在其中。

资料来源：AEA 能源与环境，DECC，ONS。

4. 争议项目的处理

英国在编制资产负债表时，也对一些争议项目进行了处理。主要有以下几类。

第一，军事耐用品和消费耐用品并没有在表中给予报告出来。然而，消费耐用品在居民部门的资产负债表加以补充说明，因为消费耐用品是居民生活水平的一个重要组成部分。

第二，大气排放和温室气体则以并没有用一个市场价值加以衡量，而是以每年排放多少单列一张表（见表3－22、表3－23）给予报告出来。

第三，油气储备则是根据每年勘探的情况，报告可能存有的油气储备，这也并不是以货币计价列示，也是以实际存有的多少单列一张表（见表3－24）给予列示出来。

第四，能源消费同样遵循上述处理方法，以每年消费的能源多少给予列示出来（见表3－25）。

第五，历史意义的建筑的估值根据在其现存使用价值而来，艺术品及古董并没有在资产负债表中加以列示。

第六，英国的流量账户并没有统计专利权、版权和商标等无形资产的交易价值，因此英国的资产负债表没有包括进这些项目。

第七，气候和人力资本应该被纳入国家资产负债表中。但是，由于估值的困难，也没有在资产负债表中加以列示。

六、德国国家（政府）资产负债表编制经验

（一）概况

德国是欧盟的核心国家，其国家资产负债表的编制和研究有一定

的历史。早在1955年，德国就编制了第一份金融资产负债表。随着核算工具的不断发展，1971年德国开始分部门地计算金融资产和负债存量。德国联邦银行（中央银行）也从70年代起发布德国的现金流量表。2007年初开始，德国联邦银行按季度公布私人部门和非金融机构部门的数据。2013年6月德国联邦银行在第四期《统计特刊》中发布了2007～2012年的国家金融资产报告。非金融资产的编制可追溯到1965年，Hoffman估算了第一次世界大战前德国的有形资产和金融资产，但未作合并。1978年，德国统计局官方发布了德国可再生资产的价值，其中，一部分土地、耐用消费品的价值以及股份有限公司的金融资产、国外的贸易贷款等项目的估值并未列明。

一直以来德国联邦统计局和德国联邦银行都分开编制国家的非金融资产情况和国家金融资产负债表。近几年，两个部门开始尝试合并两表，汇总德国国家的资产负债表，并于2013年9月发布了1991～2012年整个国民经济体和分部门的资产负债表。目前在德国国家统计局官方网站上“国民经济总核算”板块可以下载。

（二）编制方法

1. 资产负债项目的分类（主栏）

非欧盟成员国通过法律形式规定欧盟范围内的各国必须遵照ESA95实施国民经济核算。虽然各项目的名称不同，德国国家资产负债表主栏涉及的项目基本符合SNA2008和ESA95的编制规定。

资产分为非金融资产和金融资产。非金融资产进一步细分为生产性资产和非生产性资产，但生产性资产中仅计算了固定资产，没有纳入存货和贵重物品，非生产性资产只计算了土地，没有纳入矿产、自然资源，并将无形资产中的非生产性资产纳入固定资产的计算。在核算价值时，按照重置成本计算实物资产净值（固定资产总值减累积折旧），以反映其时间价值，也考虑了可用产能。

金融资产大致分为通货和存款、有价证券、其他债权。有价证券、金融衍生品、股权、黄金和特别提款权的价值核算依据市场价格，没有市场价格的使用公允价格。

负债指金融负债。金融资产和负债交易按“复式簿记”和“权责发生制”原则在同一时间内分别计入贷方和借方，即国内金融资产的数额与金融负债相等，相互抵消。

表 3－26　　资产负债表项目

资　产	负　债
非金融资产	外来资本
固定资产	贷款和其他
实物资产	债务
建筑物	
住宅	
非住宅建筑	
机器和设备	
动物、经济作物	
无形资产	
土地	
金融资产	
通货和存款	
有价证券	自有资本
其他债权	股权
	净资产

注：①非金融资产（Sachverm gen）：此项德语字面意思为实物资产、有形资产，在德国国家统计局官方定义中与金融资产相对应，因而意译为非金融资产。

②固定资产（Anlagegüter）指使用年限超过一年的，重复或者持续投入生产的资产。

③非住宅建筑（Nichtwohnbauten）指不以居住为目的的建筑及相关配套设施，如道路、桥梁、隧道等。核算价值时，与建筑不可分割的设备设施、房地产开发费用也计入。

④无形资产（Immaterielle Anlagegüter）：此项只计算生产性的无形资产，如勘探、软件、数据库等。非生产性的无形资产，如专利、使用权、商誉未计算在内。

资料来源：德国国家统计局，德国联邦银行；《1991～2012 年行业和国民经济总资产负债表》。

2. 部门的分类（宾栏）

德国国家资产负债表在部门的划分上按照 SNA 的原则，将整个国民经济体分为非金融企业、金融企业、政府、居民和私人非营利性机构四个一级部门。德国国家统计局和中央银行共同编制的德国国家资产负债表中，就包括以上总表和四个子表，四个子表部门之下未再细分子部门。

德国国家统计局发布整体和行业的实物资产时，在行业分类上，2007 年以前未采取国民经济核算的部门分类方法，按照经济领域分类分为公共行政部门和国内其他部门两张子表，2007 年秋才首次发布了 1990～2005 年四部门的实物资产。

此外，由各行政机构编制的单个部门的资产负债表，因为数据的可获得性的不同又对各部门做了更细致的划分，如德国联邦银行编制的金融机构部门资产负债表将金融机构部门细分为中央银行和其他金融机构两个子部门；OECD 的德国金融资产核算中，将金融企业部门更细分为中央银行、其他金融中介、金融辅助机构、保险公司和养老基金四个子部门；德国联邦银行编制的对外部门资产负债表中合并了居民和企业，并将中央银行单独列为一个部门，编制了货币金融机构、经济企业和居民、政府、中央银行四部门的对外资产负债表。

表 3－27　　德国国家资产负债表总表　　单位：十亿欧元

	2007 年	2008 年	2009 年	2010 年	2011 年	2012 年
资产	148075	151870	155203	162024	168519	178205
固定资产	75524	78652	78939	81288	84214	86808
实物资产	74909	78010	79176	80609	93517	86095
动物、经济作物	83	87	85	—	—	—
机器和设备	10512	10969	10934	11049	11287	11458
建筑物	64314	66954	68158	69471	72129	74525

续表

	2007 年	2008 年	2009 年	2010 年	2011 年	2012 年
住宅	38453	40046	40849	41821	43555	45221
非住宅	25861	26909	27309	27650	28574	29304
无形资产	615	642	663	679	696	713
建筑用地	21841	22488	23234	24236	25835	27547
对国外的债权	50710	50730	52130	56500	58470	63850
负债	148075	151870	155203	162024	168519	178205
对国外的债务	50080	46760	47850	52450	53130	57070
净资产	97995	105110	107353	109574	115389	121135
附表						
国民资产	97995	105110	107353	109574	115389	121135

资料来源：德国国家统计局，德国联邦银行；《1991～2012 年行业和国民经济总资产负债表》。

七、意大利国家（政府）资产负债表编制经验

（一）概况

2007 年起，在欧盟统计局的援助下，意大利统计局尝试建立了住房、非住房建筑和其他结构、机器和设备、计算机软件、建筑和结构的土地价值、培育性土地和消费耐用品等非金融资产的资产负债表。

目前，在 OECD 数据库中，意大利的国家资产负债表分为金融资产负债表和非金融资产负债表。在 OECD 的数据库中意大利就非金融资产只提供了住房的数据（1995～2010 年），在政府财政统计数据库（GFS）中没有非金融资产的数据。但更多的非金融资产数据可以在国家账户中得到，由意大利国有资产管理局进行统计，但使用了区别于 OECD 的统计和估值方法；在 OECD 的数据库中金融资产负债表数据

详尽（1995～2011 年），且除总体经济外，各一级部门和部分二级子部门的资产负债表也详细地公布出来。

（二）编制方法

意大利并没有完整的国家资产负债表。2007 年，在欧盟统计局的援助下，意大利统计局国家账户理事会开始建立一个分部门估算的非金融资产负债表。到现在为止，意大利已经估算出住房、非住房建筑和其他结构、机器和设备、计算机软件、建筑和结构的土地价值、培育性土地以及消费耐用品等，并对其估算方法进行了披露。因此本节将选择其中三类资产的估算方法进行介绍。

1. 住房价值的估算方法

在意大利，住房是非金融资产负债表中的主要存量项目。住房大部分被家庭所持有。为了将生产功能和消费功能分开分析，在意大利国家账户中，家庭部门分为两个子部门：消费型家庭（CH）和生产者家庭（PH）①。消费型家庭主要的功能在于消费和生产的商品和服务为自己最终所用，而生产者家庭代表了所有参与市场活动的部门。在持有住房的家庭部门中，用于居住用途的住房计入消费型家庭，用于出租用途的住房计入生产者家庭。

因此，在意大利的体系中，住房被分为了两类，即业主使用中的住房（居住用房）与由金融机构、非金融企业、家庭、政府和为家庭提供服务的非营利性组织持有的用于投资用途的住房（经营用户）。

在意大利总体经济的非金融资产负债表中，住房、其他建筑和结构是由国家账户每年统计和发布的。在假设恒定的平均使用寿命，正

---

① 在意大利国家账户中，至多拥有 5 名雇员的合伙企业（自营工人、独资企业）和无雇员的金融附属机构被归入家庭部门（生产型家庭）。

态分布的使用年限和线性的固定资本消耗下，应用永续盘存法（Perpetual Inventory Methol，PIM）进行估算。住房的价值通过重置成本计算（固定资本形成总值[①]是计算的基础）。因此，存量的价值不包括在该会计期间的净名义持有收入收益。住房价值计算的是环比价格（以2000年为基期），且存量价值不包括土地的潜在价值。

分部门的住房也可以运用永续盘存法。但目前，由于分部门的住房固定资本形成总值序列极其短，不适合使用此方法。因此，使用了一个更为直接的估计方法，即部门住房存量的增值价值。价值的估算由三个部分组成：住房的数量、住房的平均面积和每平方米的平均价格。

住房的存量价值 = 住房的数量 × 平均面积 × 每平方米的平均价格

上述三个组成部分的数据要通过仔细的定量化分析，经由统计的视角（精确度、时效性、可获得性、透明度及可比性）来选择一个最好的数据来源。

（1）住房的数量。意大利住房数量有两个数据来源，其一是人口和住房普查（CP），其二是房地产市场监测中心（OMI）。尽管对住房的定义是一致的，但2001年OMI与CP提供的数据还是有差别，OMI的数据比CP高出5%。这主要有两个原因：第一，OMI的数据包括了严重受损已经不能再用于居住的住房；第二，还包括了并不用于居住目的而是用于生产目的（如私人办公室和研究）的住房：在特殊情况下，法律允许登记办公室作为住所，但大部分情况下，业主经常将非居民住房登记为居民住房来避免更高的税率（居民住

① 固定资本形成总额（GFCF）指常住单位在一定时期内获得的，并减去处置的固定资产的价值总额，且其使用年限在一年以上，不包括自然资产。GFCF是根据每年必须估值的存量资本的价格计算的。

房比办公住房享受更低的税率）。此外，OMI 的数据不包括未经批准的建筑。

（2）平均住房面积。在 CP 中只调查了住房的内部面积，是不包含附属区域的地板和墙面的净面积。因此，CP 统计的房屋总面积不包括房屋外围部分面积（阳台、阶梯等）和周边墙壁部分，但这些部分对确定房屋的市场价格是非常重要的。因此，为了准确的估计住房的平均面积，意大利使用了 OMI 提供的数据。

（3）住房的价格。正如资产负债表中其他项目一样，住房的价值应当是从取得之时到资产负债表的记录日的价值，任何相关的所有权转移成本也应当包括在内，住房必须以市价估值。土地的价值组成另外类别的资产，因此土地的价值必须排除，但利润率必须包括在内。当前，意大利统计局并不估算住房和非住房的市场价格。

目前，在意大利国家账户的实践中，为了在某一年使“建筑”项目的输出结果价格稳定，使用的是“数量 × 价格”的方法。1982 年，每平方米住房的平均价格曾在社会住房机构提供的价值基础上进行过估算，这个价格包括了利润率但不包括土地的价格，因此与国家账户的规定一致，可以用于估算住房的价值。专家认为，这样的价格符合当前的市价。这个估值已经动态地根据住房建筑费用的成本进行更新，它测量的成本变化直接表现为工作的现实成本。因此，这个价格不包括土地、规划、转移成本、利润率和净名义持有收益。

但是，一方面，这个估值方法排除了由于土地成本的变化导致的价格变化；另一方面，它并没有考虑整体住房的建筑成本（例如：促销和广告费用被排除），也没有考虑利润率的变化和名义持有收益或损失。

因此，这个价格并不能完全代表住房的市场价格。此外，这种估计和更新方法计算的每平方米平均价格也被用于缩小住房的固定资本形成值。这个价格代表了国家账户根据永续盘存法估算住房的综合价格。

意大利住房价格数据的提供者包括 OMI、房地产顾问公司和意大利银行等机构。最终统计部门采用了能够较好代表住房市场整体表现的 OMI 提供的市场价格序列。OMI 提供了意大利每个市的住房价格信息，也代表了意大利房地产市场官方的和独立的调查结果。

（4）住房土地的价值。用市场价格法计算的住房价值（WAA）和用永续盘存法（PIM）计算的最主要的区别在于 WAA 包括了住房土地的价值，而 PIM 没有包括。因此可知二者计算的差即为住房土地的价值。

通过计算，土地的价值占整个住房价值的63%。根据与 OMI 的专家讨论，尽管还需要进一步的分析，但这个比重基本是可被接受的。

因为 PIM 使用了 GFCF 的采购价格，因此住房的存量价值并没有包括资本利得或资本损耗。因此，所有名义持有收益（损失）都假定归于住房土地的价值。

表 3－28　　　意大利住房的价值和住房土地的价值　　　单位：百万欧元

	2006 年	2007 年	2008 年
住房价值（包括土地价值）（b）	5091305	5466324	5709275
住房价值（不包括土地价值）	1888334	1995461	2090824
土地价值（a）	3202971	3470863	3618451
土地价值的比重（a/b）	63%	63%	63%

资料来源：意大利统计局。

2. 非住房建筑和其他结构的估算方法

意大利统计局统计和发布官方的意大利固定资本存量数据，包括建筑物的存量。估算的方法是应用企业建筑物的 GFCF 的时间序列基于永续盘存法进行计算。建筑物包括住房和非住房建筑和其他结构，并且这两个部分是分开估算的。

OMI 为意大利统计局提供各区域非住房建筑的详细信息。主要包括办公室（A/10）、商店（C/1）、艺术馆和工艺品工作室（C/3）、生产部门用于特殊目的的非住房建筑（D）和交易部门用于特殊目的的非住房建筑（D/8）。OMI 提供了上述所有类别的数量、总面积、平均面积、每平方米平均价格和土地租金①。

在房地产市场监测中心（OMI）公布的数据中，办公室和商店的存量价值根据以下公式计算：当前价值 = 总面积 × 每平方米平均价格。

OMI 没有估计艺术馆和工艺品工作室、生产部门用于特殊目的的非住房建筑、交易部门用于特殊目的的非住房建筑的每平方米平均价格，只是提供了租金价格。因此为了得到这些类别的当前价值，土地租金必须乘以一个法定系数（生产部门用于特殊目的的非住房建筑和交易部门用于特殊目的的非住房建筑乘以 50；艺术馆和工艺品工作室乘以 100)，再乘以相关系数。

一般公式为：当前价值 = 土地租金 × 法定系数 × 相关系数

OMI 计算的各类别非住房建筑的价值包括了土地价值。为了得到不包括土地价值的净值，根据意大利折旧跨级准则，用于工具性非住房建筑的土地价值为总价值的 20%，用于企业性非住房建筑的土地价值为总价值的 30%。

3. 培育性土地的估算方法

培育性土地的定义是为了生存目的和商业目的种植农业和园艺生

① 主要用于 C/3 和 D/8。

产的土地，包括种植园、果园等。目前意大利还没有这部分的估计数据。这部分估计的价值是已利用农田面积的价值（UAA），主要根据意大利统计局调查的“2003～2005年农业企业结构和产量（SPA）”和“2000年农业资产普查（CAH）”数据，其中SPA的数据滞后两期进行更新。一般而言，已利用农田面积包括：可耕土地、永久的牧场和草场、永久作物土地。总农业面积（TAA）为农田面积加上森林面积和其他土地。其他土地指被建筑物、庭院、壕沟、铁轨、隧道、洞穴、岩石、公园、原始花园等占用的土地。

培育性土地价值的计算根据为：

培育性土地价值＝利用农田面积的公顷数×每公顷的市场价格

分地区的每公顷市场价格由国家农业经济部（INEA）提供。平均的价格不包括森林和其他土地的价格。

八、日本政府资产负债表编制经验

（一）日本政府资产负债表编制的目的

日本政府编制政府资产负债表的目的主要有以下三个。

（1）将中央政府与地方政府的资产负债情况公之于众，由于政府财政工作所需要的财源应该取之于民，用之于民，并进行合理分配，因此需要对政府的财政收支（流量信息）和资产负债情况（存量信息）有清晰的了解和认识。

（2）政府同时作为财政预算的执行单位和行政评价的主体单位，有必要编制反映政府行政机关流量和存量的财务报表，履行政府的财政责任，作为评价政府执政效率的依据，践行政府责任，提高政府行政效率，对公众负责。由于编制财务报表时应用了“权责发生制”等企业的会计原则及方法，不仅国家的资产与负债等财政状况，就连国家税收使用情况的相关信息也一并简明地公布于众。因此，通过编制财务报表在提高政府对公民信息披露责任履行水平的同时，还可以提供有助于提高效率和提供财政工作准确性的财务信息。

(3) 政府部门作为经济运行中一个重要的部门，也应该借鉴企业的经营理念和经营管理方法，来改善自身的财务状况，促进财政进一步提高效率、更加合理化，为此首先必须编制能够反映自身财务状况的报表，一起实现搞活经济、提高效率的目的。

（二）日本政府资产负债表编制的原则

(1) 根据企业会计原则的基本要素，参考企业资产负债表的编制方法，包括折旧、提取准备金、重估等。不同于以往仅将国家资产、负债相关各报表信息简单合并，而是将以往未被作为报告内容的公共财产等的信息进行了重新估算，采用了折旧、提取准备金等企业会计使用的方法。

(2) 政府会计采用以现金授受为原则，以财政收支为计算调整对象的“修正的现收现付”原则。在判断“各项财政收支的会计年度归属”时，原则上规定，根据权责发生制原则，以债权债务的发生事实为依据判定归属，也就是说该年度内发生的债权债务其现金收支尽量在该年度内处理完。因此，如果某年度的财政收支在出纳调整期间有授受情况发生，将会被调整为该会计年度的收支。

(3) 现金授受所具有的客观、准确的特质成为制定日本会计制度的基础。

（三）日本政府资产负债表编制的步骤

为了以更加简明的方式将政府及地方公共团体的财政及资产状况公之于众，应根据企业会计原则基本要素，逐步引进财务报表。从部门编制顺序来看，首先各省厅公布财务报表，再由财务省主计局以各省厅财务报表上报的经济数字为基础编制公布国家整体流量表和存量表。

（四）日本政府资产负债表编制流量表与存量表的关系

流量表是指反映国家财务活动中发生的成本费用、财源等，即国家财务活动结果所发生成本（费用）的业务成本核算表。存量表是指反映国家财务状况的资产负债表。

除了编制流量表和存量表外，还需要编制能够明确国家资产及负债增减原因的资产负债差额增减表。资产负债增减的原因，不仅来源于业务成本与财源的差额，还来源于资产评估的差额等。资产负债差额增减表还可用于业务成本与财源的对比分析。

其中业务成本相当于政府的投入，在评价政府行政效率时将基于此评估其能够产生多大的效用或提供多大便利。

日本政府完整的《国家财务报表》应由下述4个财务报表及与之相关的附表共同构成。

（1）明确反映各会计期末资产与负债状况的“资产负债表”。

（2）明确反映各项业务费用的“业务成本核算表”。

（3）明确反映资产负债表中资产与负债差额增减状况的“资产负债差额增减表”。

（4）明确反映各分类项下财政资金流向的“分类财务收支对账单”。

（五）日本政府资产负债表具体编制中涉及的问题

1. 国有资产

土地、建筑物等国有资产，需依据国有资产法规定进行管理，另外，依据国有资产登记簿进行价格管理。因此，国有资产以登记簿上的价格为基础计入资产负债表。

有关国有资产登记簿上的价格，原则上土地部分的价格是依据继承税评估方法（路线价评估法、倍数评估法）估算得出；建筑物等折旧资产的价格是从获取时登记簿上的价格扣除折旧累计费得出的。有关折旧累计费的计算，建筑物使用定额法，其他资产使用定律法。

公共财产不适用于国有资产法和记账簿编制，因此无法进行价格管理。从财产性质上看，也很难重新估价，所以只能推算原值进行资产登记。公共财产及负债取得或持有的时期或形态各不相同，在以资产形式进行管理的项目中，有很多迄今为止没有统计过价格。但是考虑到作为公共财产，仍然具有提供公共服务的功能，在未来仍存在经济效能，虽然无法确定其市场价格且没有一般意义上的买卖市场，但仍可通过决算资料推算原值的方法计入资产负债表中。上述做法也是国家财政有别于企业会计之处。

一般情况下，国有资产（公共财产除外）是根据国有资产登记簿上的价格计入的；公共财产（基础设施、山川、河流等），可以通过累计之前的土地费用、公共事业费等推算出原值；属于折旧资产的公共财产，先进行折旧，然后将扣除折旧费等费用后的数额进行登记。并且，虽然国有公共财产列入资产项下，但是在累计事业费时，除国家事业费外，如需地方公共团体等负担时，规定通过推算负担比例，将地方团体等负担的事业费也包含进事业费累计中，并通过事业费总额推算原值。

美国对公共财产的处理方法是联邦政府采用联邦会计准则审议会（FASAB）的指导方针，州政府采用政府会计准则审议会（GASB）所指定的准则。

英国对有形固定资产是选用国际会计准则（IAS）中适合政府部门的第16号准则，而估计资产公允价值（Fair Value）则是根据其服务潜能（Service potential）测算重置成本，扣除维护管理费进行估价。

2. 养老金

作为政府养老金的养老保险金及国民年金保险，并不是因为过去的工作而产生的国家支付义务，也不像企业养老金那样采用法定的累缴方法，因此不能照搬企业会计中支付退休金的会计准则。

日本的政府养老金财政制度是以“征税方法”为基本的制度，即以老年人为支付对象的养老金所需费用是由所处时代的在职劳动者负担支付的制度。因为支付养老金的义务，不是随着缴纳保险金而产生，而是因为满足了领取养老金资格而发生的，所以不应视为负债。

养老金中个人累积的部分应作为公共养老金存款列在负债项中。

日本在2004年的养老金制度改革中引进了财政检查，在保险金水平不变的情况下，依据社会和经济形势的变化每5年评估一次养老金（包括现收现付部分和公积金部分）的可持续性，以期实现养老保险的财政平衡。

日本还要求在附注信息中披露与政府保险金相关的财务信息，如政府养老金的财政方法及政府养老金存款相对应资产的详细内容，在财政检查的财政计划中各会计年度末的公积金金额，与之相对应的实际业绩之间差额产生的原因；未来需要支付的养老金现值，以及支付养老金的预计财源金额等。

（六）日本政府资产负债表的净资产与资产负债差额的概念

日本不将资产与负债的差额计为净资产，而是直接计为资产负债差额，认为其不一定会成为将来财政支出的来源，而且由于资产的评估必须基于一定的假设，很难做到公允，因此日本并不将政府资产与负债的差额视为政府的净资产。另一个这么做的理由是因为其认为政府的资产概念与企业不同，政府的活动是非盈利的，资产不会产生损益，因此不适宜将资产负债差额作为净资产。

这也反映了日本对编制资产负债表的态度，主要是为了对公众负责，并不将资产负债状况作为政府运营和借债的“资本”。

（七）日本政府合并资产负债表

国家的部分业务是通过独立行政法人等机构实施的。为了更好地履行政府财务状况的信息披露责任，提供有助于更公平、有效的执行预算的财政信息，上述独立行政法人等机构的财务信息也包括在公布范围之内。从1998年度决算起，日本政府公布了一般会计与特别会计汇总的国家财政储备的信息。从2000年度起，决算信息中包含特殊法人在内的合并资产负债表也一并公布。

日本政府将独立法人等机构的资产负债表合并公布，这些法人的运营与国家事务相关，与国家具有“业务关联性”，国家对其具有监督权力，从中央政府或地方政府处接受财政支出，通过有无监督权力及有无财政支出来判断业务关联性。

在编制合并财务报表时，虽然适用企业会计连接结算方法进行编制，但是也应通过业务关联性进行是否合并的判断或资本连接结算的方法等，采用与企业会计不完全相同的方法进行连接结算。连接结算时，企业会计的做法是在同样条件下的统一财务处理，而政府会计则是连接结算对象的每一个法人都适用于不同的会计准则。例如，独立行政法人应采用独立行政法人会计准则、国立大学法人应采用国立大学法人会计准则等。

由于每个独立法人都适用不同的会计准则，因此在合并报表时最好能统一会计处理使用准则，最基本的做法是先利用独立行政法人等机构已有的财务报表，沿用独立行政法人等机构原有的会计处理后，在连接结算阶段进行必要修正基础上再合并报表。

合并报表的机构包括独立行政法人、大学法人、特殊公司、认可法人、事业团体、公营贷款机构、其他特殊法人等。

九、主要发达国家（政府）资产负债表对我国的启示

1. 可先从编制金融资产负债表做起

主要发达国家均建立了比较完备的金融资产负债表。因为相对于非金融资产而言，金融资产和负债无论从数据基础、分类标准还是估值方法都具有比较成熟的经验和方法，同时从防范和抵御金融风险角度来讲，金融资产和负债具有更高的重要性。因此可先尝试编制金融资产负债表，然后再建立完整的国家（政府）资产负债表。

2. 非金融资产的核算成熟一项编制一项

非金融资产的核算与编制需要进行大量的详细的资料搜集工作和研究工作，耗时长且争议大。如意大利在历时 3 年之后，才在欧盟统计局的帮助下统计出了住房科目的数据，并发布在 OECD 官网上，而其余科目的统计工作仍在进行中。因此，对非金融资产的核算不能操之过急，必须要认识到这是一项耗时耗力且具有争议性的工作，应给予足够的支持和帮助。同时一旦某一项科目编制技术成熟，应形成定

期编制和发布的惯例，逐步将国家资产负债表完善起来。

3. 应谨慎处理具有争议性的资产和负债项目

对于一些争议性较大的资产和负债项目，可采取三种方式对其进行说明。第一种方法，按照主流的标准对资产负债表进行编制，同时将具有争议的项目以备注的方式在附录中做出补充性说明。第二种方法，借鉴 Goldsmith 的处理办法，即编制两张国家资产负债表，第一张表为标准口径下的国家资产负债表，而第二张表为宽口径下的国家资产负债表，即将争议项目纳入表中，但是必须要对口径的范围作出明确的界定。第三种方法，对具有争议性的项目建立专门账户或卫星账户，可用实物数量、面积、地图等方法对某类资产作出全面的说明，待有合适的估值方法出现时再将其正式纳入资产负债表。

4. 可分别编制以账面价值和以市场价值两种资产负债表

随着经济统计的进一步需要及统计核算技术的进步，在编纂国家资产负债表以及其分部门资产负债表时，加拿大统计局开始逐渐公布以账面价值及市场价值分别核算的两种资产负债表；这二者的结合能全面地反应被核算项目的价格变动及经济波动的影响，也能够更准确地把握加拿大国家资产负债状况。中国的国家资产负债表在条件合适的时候也可以采纳以两种方法分别编纂的方式。

5. 可编制若干国家资产负债表的卫星账户

同澳大利亚和加拿大等国类似，我国也拥有比较丰富的已探明和待勘探的矿产资源以及森林资源，如何合理估计除土地之外的其他自然资源的价值也是一项巨大的挑战。如加拿大将自然资源账户分为三个部门：自然资源存量账户，矿产和能源流量账户，环境保护支出账户。各个账户下面又会进行细分，并将这方面的数据与加拿大经济及环境保护治理决策相联系，从而达到环境与资源核算为经济决策服务的目的。加拿大这方面的实践及经验对于中国将来开展自然资源及环境资产核算来讲具有重大的意义。

此外，应借鉴澳大利亚的方法编制自然资源损耗账户。因为由于我国近年来存在大量的过度开采、非法开采以及不考虑外部性的生产行为，导致的自然资源损耗以及环境污染和破坏问题日益严重，在很多方面已经影响到人们的正常生活，很多账面上存在的自然资源可能隐含着巨大的潜在成本和负债。不考虑环境破坏和资源损耗的经济增长是不可持续的，因此必须要编制自然资源损耗账户。目前澳大利亚对自然资源损耗的估计体现在“资产其他变动”账户中，但这种处理方式具有明显的弊端，该账户同时包含新发现的自然资源的价值，即账户是二者抵消后的结果。我们认为更科学的做法是对两者分别核算，以区分新发现的自然资源和既有资源的损耗，为进一步估计环境成本打下基础。

6. 使土地核算更加合理

同发达国家相似，土地和房地产在我国国民经济中的地位日渐提高，如何核算土地的价值是编制资产负债表的重要内容。借鉴澳大利亚的经验，我们在核算土地价值时应注意三大问题。首先是土地价值的核算。由于土地价值取决于其位置和用途，因此应尽可能详细地按位置和用途对土地进行分类，以便准确地估值。对于尚未开发的土地，在按市场价格进行估值时，应注意可能存在的高估或低估问题。其次是土地用途的变动。与澳大利亚相对稳定的城乡结构不同的是，目前我国的城市化进程正在加快推进，城市版图和城乡结构在当前和未来会发生明显变化，相应的城市周边地块以及部分经济发展水平较高的农村的土地用途会发生较大变化，变得价值更高。因此在编表时应注意新增加的土地供应和土地用途转变等因素对土地价值造成的影响。

最后是我国在土地产权方面存在特殊性。澳大利亚的土地有明确的所有权，住宅建筑和土地是分开核算的（特殊情况除外）。在我国，从法律意义上讲，土地归国家所有，居民和公司部门只拥有使用权，因此土地在政府和其他部门间存在流转的问题。居民和公司所有的房地产的价值，其中包含的土地价值是以类似于租赁保有的形式存在的。如何区分土地和建筑物的价值是核算方面的难题。此外，由于政府的征地和土地划拨行为，土地的所有权属也会在各部门间发生较大变化。基于以上问题，可以预见中国的土地价值在各年度间将会呈现较大的价值差异和结构差异。因此有必要通过物量核算和编制土地账户等方式进行多角度、补充性的说明。

第四章

中国政府资产负债表的编制与比较

一、引　言

国家和部门资产负债表的编制和分析工作在国外已经开展了很多年，许多国家已经形成了较为完善的编制体系和分析框架，但是这项工作在我国却仍然处于初级阶段。2011 年，三个研究团队[①]在同一时间段，分别从不同的角度出发，第一次对我国国家资产负债表的编制和研究工作进行了诸多有益的探索，并且取得了丰硕的研究成果。此后，在三个研究团队的带动下，一些官方机构和民间研究团队也纷纷参与到国家（政府）资产负债表的编制和研究中，除了上述三个研究团队以外，其他比较有代表性的研究是国家统计局尝试编制的国家资产负债表[②]以及杜金富领导的国家自然科学基金课题组，尽管这些研究在方法和角度上各有不同，但是均为未来我国国家和部门资产负债表的研究奠定了良好基础。

① 三个研究团队分别是由博源基金会资助的马骏及其复旦大学研究团队，曹远征及其中国银行研究团队，以及李扬及其社科院研究团队。

② 由于统计局试编的表尚未公布，所以我们无法进行全面比较。

国家（政府）资产负债表的编制工作是一项极其复杂而又必须非常严谨的工作，不可能在短期内一蹴而就，即使是在发达国家，国家（政府）资产负债表编制也是经历了长时期的积累，如日本在编制政府部门资产负债表时就是在经历了长达12年的探索和研究之后才最终完成初步的编制工作。因此，在国家（政府）资产负债表编制的初级阶段出现不同观点和结论是不可避免的，本书旨在整理前人研究中的各项成果和不同观点，逐步推进统一分析框架的形式。

由于受到统计数据资料收集的限制，本书没有从头开始编制政府资产负债表，而是在前人已有研究成果优缺点的基础上，对已经编制出的几个政府资产负债表进行比较和调整，进而得到我们认为更加合理的中国政府资产负债表。本书以下主要内容为：首先，明确各表中部门与机构的范围，然后根据SNA的标准确立调整后的狭义政府资产负债表的部门和机构范围；其次，充分比较各表中项目与工具的名称与实质内容；最后，根据经过比较的各表的机构范围和项目内容，对相关数值进行统一调整，得到我们认为更加合理的调整后的中国政府资产负债表调整表。

二、部门与机构

在马骏及其复旦大学团队研究的国家资产负债表①（以下简称“马表”）中，最大的问题是资产与负债在部门和机构上的不对称性。其非金融资产中包括政府机关，事业单位和部分国有企业，但是在金融资产和负债中却没有相应的资产和负债，可见马表的非金融资产的

① 马骏、张晓蓉、李治国等：《中国国家资产负债表研究》，社会科学文献出版社2012年版。

口径与金融资产和负债的口径存在一定的不对称，无意中扩大了的政府的净资产值。

在李扬及其社科院团队编制的政府资产负债表①（以下简称“李表”）中，中央政府采用的是窄口径，仅包括行政部门、事业单位、国有企业权益和社保理事会的资产与负债。其中，四大资产管理公司、中投和汇金三者中有部分被纳入到国有企业权益中。

杜金富主持的国家自然科学基金课题编制的政府资产负债表②（以下简称“杜表”）中，对资产负债表统计口径做了更加深入的细分，政府部门的统计口径包括狭义政府、广义政府和公共部门三种口径。其中在狭义政府中，中央政府和地方政府包括党的机构、人大、政协、政府及其组成部门、军队和司法机构等，与中编办所列行政机构范围一致，此外还包括社保；广义政府则包括了狭义政府以及企业化管理和非企业化管理的事业单位；公共部门除了包括广义政府外还包括公共金融和公共非金融企业，其中公共金融机构中包括了政策性金融，而四大资产管理公司、中投和汇金没有做出特殊说明。

按照 SNA 体系对政府的分类标准，马表相当于狭义政府的范畴但是没有将社保囊括进来；李表也相当于狭义政府；而国家统计局编制的政府资产负债表③（以下简称“统表”）中没有明确表述政府部门的范围，大致来看其统计口径相当于 SNA 体系的狭义政府；而杜表与 SNA 基本一致。

---

① 李扬等：《中国家资产负债表 2013——理论、方法与风险评估》，中国社会科学出版社 2013 年版。

② 这是杜金富负责的国家自然科学基金重点资助课题《政府资产负债核算的理论和政策研究》的子课题，该课题由王毅主持。

③ 国家统计局在 2013 年底尝试编制了我国 2011 年国家和部门资产负债表，但是由于缺乏对外公布的条件，因此尚处于保密阶段。

此外，虽然杜表在机构和部门范围上更加全面，但其中除了政府部门外，还包括了政党、政协、人大、军队和司法部门，而这些部门在其他三张表中均没有涉及。特别是党的资产能否纳入政府资产负债表中仍存争议，因为在国外，政党通常不属于政府范畴，其资产和负债都是单独核算的，如果党产与政府资产不作区分，则无法进行国际比较，况且党产如何界定及核算也是个很大的问题。

通过上述分析可以看出，四张表的核算范围基本上属于 SNA 中狭义政府的范围，主要包括中央政府、地方政府和社会保障，以及政府对国有企业及经营性和非经营性事业单位以出资人形式的投资权益。因此在后面的分析中，政府资产负债表指的是狭义政府资产负债表。

表 4－1　　　　各表部门与机构范围表

狭义政府	马　表	李　表	统　表	杜　表
政府部门	●	●	●	●
政党	○	○	○	●
政协	○	○	○	●
军队	○	○	○	●
司法机关	○	○	○	●
地方政府	○	○	●	●
社保理事会	○	●	○	●
社会保险基金	○	○	○	●
企业管理事业单位权益	●	●	●	●
非企业管理事业单位权益	●	●	●	●
政府控制的民间公共团体	○	○	○	●
金融国有企业权益	◆	●	●	●
非金融国有企业权益	◆	●	●	●

注：“●”表示包括该项；“○”表示不包括该项；“◆”表示部分包括该项。

资料来源：作者自制。

三、项目与工具

（一）中央政府资产负债表

1. 非金融资产

马表的非金融资产中只包括非经营性资产和非上市企业权益两项，并且没有做出更加详细的说明，因此无法判断其具体涵盖的项目。值得注意的是，非上市企业权益通常被算作金融资产，不应该纳入非金融资产项目内。

李表的非金融资产中，从形式上来看基本涵盖了主要的项目，如建筑物、库存和机器设备等。值得一提的是，李表对我国中央政府的无形资产做出了估计，但可惜的是该书并未提及对无形资产的估计方法。

杜表的项目分类从形式上与国际标准基本一致，并且对主要项目均进行了较为完整的核算，但是由于数据收集的限制，其他构筑物中如铁路、公路、地铁、水利设施等没有进行核算。

2. 金融资产与负债

马表中中央政府金融资产只包括中央财政存款、股票、四大资产管理公司资产和国外资产，其中股票是指中央政府所持有的国有企业上市股份的市值；马表还单独核算了中央政府直接持有的国外资产，但是从理论上来讲中央政府一般不会直接持有国外资产，而是通过其他机构间接持有，且这一项在其他表中均没有核算，因此国外资产这一项值得商榷。而在负债项目中，马表同时核算了国债、铁道部债务、资产管理公司债务、中投债务以及外债，显然资产管理公司债务和中投债务不是中央政府债务范围，应纳入公共部门资产负债表。

李表中金融资产与负债的项目比较齐全，基本项目均进行了核算。但是李表将中国人民银行自有资金纳入中央政府资产中，显然是有问题的，我们认为中国人民银行自有资金不应该是中央政府资产的一部分，而是中央银行资产的组成部分；此外，李表在金融资产中加入了社保基金持有的证券，而没有将社保基金负债纳入资产负债表，显然高估了政府的净资产规模。而在负债中李表仅核算了国债而没有将铁道部债券纳入其中，明显的低估了政府债务规模。此外，李表中还有一项货币性负债没有做出说明，而其他表中均无这一项。

（二）地方政府资产负债表

1. 非金融资产

马表的地方政府非金融资产中除了非经营性资产和非上市公司股票外，还包括了土地储备，即土地出让金减去征地支出后的土地出让结余，并假定其市值为土地出让结余的三倍。非上市公司股票不能算作非金融资产，而应纳入金融资产。

李表的地方政府资产负债表没有参照 SNA 的标准，根据其实质内容，非金融资产仅包括地方政府所拥有的资源性资产，名义上其资源性资产应该包括土地、森林、矿产等资源性资产，但是从其实质来看，仅是对“农林牧渔总产值”指标的加工计算，这一指标无法代表地方政府所有的资源性资产，且这一指标不包括土地价值，因此我们认为李表中地方政府所拥有的资源性资产是不能代表全部地方政府非金融资产的。

杜表的地方政府的非金融资产中，除了对固定资产和存货进行了核算外，还特别详细地核算了地方政府的土地资源，并且做出了农用地、耕地、园地、林地、牧草地和建设用地的划分。

2. 金融资产与负债

马表的地方政府金融资产仅包括财政存款和股票（地方政府在国企中的投资额）。在负债中则包括地方政府债券、贷款和向上级政府及其他单位和个人的借款。

表 4－2　各表项目与工具范围表

	马　表	李　表	统　表	杜　表
总资产	●	●	●	●
非金融资产	●	●	●	●
固定资产	●	●	●	●
存货	○	●	●	●
其他非金融资产	○	●	●	●
金融资产	●	●	●	●
货币与存款	●	●	●	●
债务性证券	●	○	●	●
贷款	○	●	●	●
股权和投资基金份额	●	●	●	●
其他应收账款	○	○	○	●
其他金融资产	○	○	●	●
金融负债	●	●	●	●
货币存款	○	●	○	○
债务性证券	●	●	●	●
贷款	●	●	●	●
股权和投资基金份额	○	○	●	●
其他应付账款	○	●	○	●
其他金融负债	●	●	●	●
净值	●	●	●	●

注：“●”表示包括该项；“○”表示不包括该项。

资料来源：作者自制。

李表中地方政府金融资产包括地方国有经营性和非经营性资产，这两部分名义上是资产，但实质上仅是国有经营性和非经营性企业所有者权益中地方政府所占有的部分，因此作为非金融资产似乎并不合适。在负债方面，李表从财政风险的角度，按照直接显性债务、直接隐性债务、或有显性债务和或有隐性债务的分类方式进行了核算，不过这种分类方式与SNA差异极大，并且违背了资产负债表核算的会计原则，同时其总负债仅为四类债务的简单加总，显然不是地方政府债务规模的全部。

四、数据与比较

根据SNA体系中资产负债表的三级项目分类标准，对已有四张表[①]进行了简化处理，同时对相应的项目按照其实质内容进行归类，如马表中的非经营性资产被纳入SNA体系的固定资产中等。

表4－3　　各个资产负债表的简表　　单位：亿元

	马表（2010年）	李表（2010年）	杜表（2012年）
总资产	572242	985417.35	617243
非金融资产	343000	765394.65	353699
固定资产	164000	321597.92	115654
存货		375.3	160
其他非金融资产	179000	443421.43	237885
金融资产	229242	220022.7	263544
货币和存款	32020	28925.2	57925
债务性证券		0.6	9797
贷款		0	70

① 由于国家统计局资产负债表尚未公开，因此未能列示出来。

续表

	马表（2010 年）	李表（2010 年）	杜表（2012 年）
股权和投资基金份额	182221	188951.2	183139
其他金融资产		2145.7	12613
金融负债	223141	313197.54	147360
对外负债	560	3532.94	3696
货币存款		365.8	
债务性证券	122973	70988	80963
贷款	84680	709.6	203
保险准备金和社保基金权益			49370
其他金融负债	14928	237601.1	13128
净值	349101	672219.81	469883

资料来源：《中国国家资产负债表研究》《中国国家资产负债表2013——理论、方法与风险评估》等。

（一）非金融资产

1. 固定资产

马表中的非经营性资产可以看作是SNA体系中的固定资产，约16.4万亿元；根据李表的分类标准，固定资产一项包括中央政府资产负债表中的建筑物和机器设备以及地方政府资产负债表中的地方国有经营性和非经营性资产，共计约32.16万亿元，但我们认为固定资产一项实际上仅应包括中央政府资产负债表中的建筑物和机器设备，而地方政府资产负债表中的地方政府所拥有的资源性资产不能代表地方政府所拥有的固定资产，因此李表中固定资产实际应为2.55万亿元；杜表为11.5万亿元。

固定资产除李表外，各表差异不大，最高为马表（16.4万亿元），最低为杜表（11.5万亿元）。我们认为，马表存在高估的问题，因为其固定资产中还包括了部分国有企业的资产（非权益），国有企业资产显然不应纳入狭义政府中，因此统表和杜表的核算更为合理，考虑到统表在数据获取方面更具优势，因此统表固定资产的核算结果更加可信。考虑到土地价格等因素，因此2010年固定资产约为13万亿元。

2. 存货

马表没有核算政府存货；而李表仅核算了中央政府的存货，为375.3亿元；杜表为160亿元。

两表的存货差异较大。我们认为统表可能存在高估的情况，有可能是误将事业单位存货纳入狭义政府中；而杜表虽然在部门划分上更加清晰，但是数据的可得性上不如统表，可能存在低估的情况，因此两表折中一下应该更为合理，故存货假定为300亿元。

3. 其他非金融资产

马表中地方政府土地储备可以算作其他非金融资产，为6万亿元；李表中中央政府无形资产以及地方政府资源性资产可算作其他非金融资产，共计44.34万亿元；杜表为23.79万亿元。

统表中的其他非金融资产存在较严重的低估，原因可能是对土地储备的估计不足；李表利用“农林牧渔总产值”来计算政府资源性资产其方法本身就也存争议，而森林矿产等能否纳入政府资产负债表尚存争议，故其严重高估了政府的资产；杜表中土地的范围过于宽泛，除建设用地外还包括了农地、耕地、园地、林地和牧草地，显然高估了非金融资产的价值，同时由于估算方法的缺失，其结果是否合理尚需检验。而马表则以土地储备中心的土地储量为依据进行推算，不过其方法有待商榷，因此将以马表和杜表中的建设用地的核算为基础。此外，考虑到2010～2012年间政府性基金收入（主要是土地收入）累计结余约6000亿元，同时考虑到土地价格因素，因此2010年其他非金融资产约为10万亿元。

（二）金融资产

1. 货币和存款

马表中中央政府和地方政府存款共计3.2万亿元；李表中中央政府和地方政府存款共计2.9万亿元；杜表为5.79万亿元。

统表可能由于将部分事业单位存款纳入狭义政府存款中，故高估了政府的存款规模；而马表和李表在统计中均没有涉及社保，故可能存在低估的情况；杜表的核算更加合理，故采用杜表的结果。考虑到社保基金规模的变化，2010年货币与存款约为5万亿元。

2. 债务性证券

马表和统表中没有统计政府债务性证券；李表为0.6亿元；杜表为9797亿元。

杜表的9797亿元债券资产中主要为社保所持有的债券资产，中央和地方政府仅有20亿；马表和统表没有将社保纳入统计范围，显然存在遗漏；而李表中的2224.3亿元债券资产没有包括社保基金，故杜表的核算更加合理。考虑到社保基金规模的变化，债务性证券约为0.76万亿元。

3. 股权和投资基金份额

马表中股权和投资基金份额包括表中股票、四大资产管理公司资产和中投公司资产，共计18.22万亿元；李表中股权和投资基金份额仅包括中央政府资产负债表中证券及投资基金份额，共计约18.9万亿元；杜表为18.31万亿元。

李表股权和投资基金一项实际上还应包括地方政府资产负债表中地方国有经营性和非经营性资产两项，固此项实际应为约48.51万亿元。但是如果照此核算李表则存在高估政府权益的问题，因为其在国有非经营性资产核算中采取的是合并事业单位资产负债表的方式来替代政府的权益资产，事业单位的资产和负债是广义政府的范畴，不能纳入狭义政府中；杜表为国资委公布的政府基金及份额；马表中四大资产管理公司资产和中投公司资产不能直接记为中央政府资产，而应纳入公共部门资产，因此予以剔除，所以统表和杜表的统计范围相对合理，而两者在数值上的差别可能来自于估算方法的不同，故以统表和杜表的核算为数据基础。考虑到“国进民退”及价格等因素，2010年股权和投资基金份额约为20万亿元。

4. 其他金融资产

其他金融资产里包括了其他应收账款。马表没有统计；李表包括中央政府资产负债表中的预付款、其他应收款和其他（各种杂项资产），合计约为2145.7亿元；杜表为1.26万亿元。考虑到统表在数据收集方面上更具优势，故采取统表的核算结果。

（三）金融负债

1. 对外负债

马表中中央政府对外负债为560亿元；李表为3532.94亿元，其中中央政府外债560亿元，地方政府主权外债2972.84亿元；统表没有统计对外负债；杜表为3696亿元。

根据国家外汇管理局公布的各年中国对外债务简表，2010年我国政府外债水平应为3000亿左右。

2. 债务性证券

马表中政府债务性证券包括国债、四大管理公司负债、中投公司负债、铁道部债券[①]和地方政府负债，共计约12.3万亿元，但是理论

① 2013年3月铁道部被撤销，铁路发展规划和政策的行政职责划入交通运输部；组建国家铁路局，由交通运输部管理，承担铁道部其他行政职责；组建中国铁路总公司，承担铁道部企业职责。而原铁道部2.8万亿的债务由谁承担，尚无正式文件出台，暂列中国铁路总公司名下。

上四大资产管理公司和中投公司的债务不应纳入狭义政府资产负债表，而应纳入公共部门资产负债表，因此予以剔除，故马表债务性证券实际应为9.3万亿元；李表包括中央政府资产负债表中的债券项（不包括外债）以及地方政府资产负债表中直接显性负债项下的地方政府债券，共计约7.1万亿元、杜表为8.09万亿元。此外，根据审计署2011年公布的《全国政府性债务审计结果》，其中地方政府性债务中发行债券金额为7567.31亿元。因此综合来看，债务性证券约为9万亿元。

3. 贷款

马表中地方政府贷款为8.47万亿元；李表为709.6亿元；杜表为203亿元。

根据审计署2011年公布的《全国政府性债务审计结果》，地方政府债务中负有偿还责任的债务来自银行贷款的约为5.02万亿元，如果综合考虑负有担保责任的债务和可能承担一定救助责任的债务，来自银行贷款的债务约为8.47万亿元。因此2010年政府贷款约为8.47万亿元。

4. 保险准备金和社保基金权益

马表和李表均没有将社保的负债纳入狭义政府资产负债表；杜表为4.93万亿元。

马表虽然没有将社保的负债纳入资产负债表中，但是却对养老金缺口和医疗缺口进行了估算，其中养老金缺口约为2011年GDP的83%，即39.26万亿元，医疗缺口为2011年GDP的45%，即21.29万亿元。李表同样对养老保险体系缺口进行了估算，隐性债务规模为62.5万亿元，约为2011年GDP的132%；社会保障的隐性负债是否应该纳入政府资产负债表中尚存在争论，无论是马表还是李表的估算都相当巨大，我们建议此项缺口可在备忘录中予以体现，而不直接纳入政府资产负债表中。

5. 其他金融负债

马表仅核算了地方政府其他金融负债，为1.49万亿元；李表中其他金融负债包括中央政府资产负债表中其他借款，其他应付款和其他（各种杂项负债），以及地方政府资产负债表中直接隐性负债，或有显性负债和或有隐性负债，共计约23.76万亿元；杜表为1.31万亿元。

统表仅包括中央政府层面的其他金融负债，而不包括地方政府，因此可能存在低估；而马表仅核算了地方政府而没有核算中央政府，同样存在低估。此外，尽管杜表和李表同时合算了中央政府和地方政府，但是杜表的估算存在低估的可能，而李表中地方政府的直接隐性负债、或有显性负债和或有隐性负债三项不应简单地全部纳入地方政府的债务范围，存在高估的问题。因此综合考虑马表、李表和统表的核算结果，其他金融负债为1.9万亿元。

五、结果与结论

（一）调整结果

在充分比较研究各个团队编制的政府资产负债表之后，根据每张表中每一个项目的可信程度及相关因素的调整后，最终得到了调整后的2010年狭义政府资产负债表（见表4－4）。从每一项的数据基础来看，马表采纳了一项，统表采纳了两项，杜表采纳了两项，而根据各表综合评判的结果占到了六项。

根据调整后的2010年我国狭义政府部门（包括中央政府、地方政府和社保基金）资产负债表，总资产为50.7万亿元，其中非金融资产23.03万亿元，金融资产为27.67万亿元；总负债为19.7万亿元；净值为 31.03 万亿元。

表 4－4　　各项目数据基础汇总表

项　目	数据基础	项　目	数据基础
固定资产	统表	其他金融资产	统表
存货	综合	金融负债	
其他非金融资产	综合	对外负债	综合
金融资产		债务性证券	综合
货币和存款	杜表	贷款	马表
债务性证券	杜表	其他金融负债	综合
股权和投资基金份额	综合		

资料来源：作者自制。

表 4－5　　调整后的 2010 年狭义政府部门资产负债表　　单位：亿元

总资产	507039	总负债	196700
非金融资产	230300	金融负债	196700
固定资产	130000	对外负债	3000
存货	300	债务性证券	90000
其他非金融资产	100000	贷款	84700
金融资产	276739	其他金融负债	19000
货币和存款	50000		
债务性证券	7600		
股权和投资基金份额	200000		
其他金融资产	19139	净值	310339

资料来源：作者自制。

对于调整后的政府资产负债表是否合理，需要同时从数值和结构上同其他表进行比较。首先从非金融资产来看，调整表为 50.7 万亿元，低于所有表的估算结果，而非金融资产占总资产的比重为 45.42%，仅高于统表，而接近马表与杜表的比例；其次从金融资产来看，调整表为 27.67 万亿元，低于统表而略高于其他三张表但差距不大，而金融资产占总资产的比重为 54.58%，低于统表，而与马表和杜表接近；最后从金融负债来看，调整表为19.67万亿元，低于马表和李表而高于统表和杜表。因此，从总体来看，调整表的估算结果还是比较合理的。

此外，从债务风险角度来看，调整表的金融资产负债率为71.08%，金融资产尚能覆盖所有负债；而资产负债率为38.79%，该项指标仅低于马表，高于其余各表，如果将马表中对债务高估的部分考虑进来，则调整表的资产负债率是最高的。可见，我国政府债务风险不容忽视。

（二）主要的结论

1. 对四张表的评价

对于马表，尽管在机构划分上有些混乱、具体项目上存在遗漏以及个别项目的核算方法中存在缺陷，如非上市企业权益应算为金融资产、四大资产管理公司以及中投公司资产和债务应纳入公共部门资产负债表等。但是其各项资产和负债的比例以及资产负债率和净资产负债率是相对合理的。特别是其对我国养老金缺口及医疗缺口方面的估算是相对客观和可信的，尽管其研究成果一经发表后即遭到官方媒体的批判①。

对于李表，在《中国国家资产负债表2013——理论、方法与风险评估》发布会上一位世行专家的点评可以很好概括该表的结论，这位专家形容该书为“一片爱国之心跃然纸上”。表面上看是对其研究成果的恭维，但是实质上是在质疑其编制的结果美化了政府的资产负债状况。首先过高估计了政府资产，李表中非金融资产占比高达

① 人民日报：中国养老金不会缺口18.3万亿元，2012年6月18日。

77.67%，比其余三表这一比例的平均值高出了近20%，这一比例过高的关键原因是对其他非金融资产的存量价值的过高估算，因为李表是这四张表中唯一试图将自然资源纳入政府资产负债表的；此外，李表在高估政府资产的同时也高估了政府的负债，其地方政府负债表中除政府直接显性债务外，还将间接显性债务、直接隐性债务和间接隐性债务全部纳入政府债务中，通过将这四类债务简单加总而得到的地方政府债务显然是对实际值的过高估计。最后，李表的统计指标间存在明显的矛盾，首先是资产负债率为31.78%，说明政府债务风险并不严重，但是其金融资产负债率竟高达142.35%，即政府出售所有金融资产都无法偿还其全部负债，仍有近1/3的负债需要非金融资产来偿还，说明政府债务风险已经相当高了。由此可见，其高估负债可能是为了弥补其高估资产所带来的资产负债率过低的尴尬。

对于统表，由于资料尚未公开，因此无法对其进行更加深入的评价。但是从其各项资产和负债的比例来看，非金融资产的占比显著低于其他三表，其原因是对地方政府拥有的土地储备价值的低估，该项估计显著低于其他三张表的估算结果。

对于杜表，显然杜表是这三张表中最为乐观的。根据杜表的结果，2012年政府部门资产负债率仅为23.87%，显著低于马表的38.99%、李表的31.78%以及统表的30.22%。究其原因之一是对地方政府性债务的低估，杜表没有将地方政府性债务纳入资产负债表中，地方政府总负债仅为1.9万亿元，与审计署2013年公布《全国政府性债务审计结果》17万亿元的债务规模相去甚远，可见在其报告中“家底较为厚实”和“风险总体可控”的结论有待商榷。

2. 不是所有的资产都可以迅速的出售

一些学者在估计政府债务风险时，常以资产负债率较低或者净值规模较大等依据得出我国地方政府债务风险总体可控的结论，进而认为即使爆发危机也可以通过出售资产偿还债务。如根据杜表结果（见表4－6）我国政府部门资产负债率仅为23.87%，远低于企业资产负债率50%的临界点。我们认为这一观点显然是不恰当的，因为不是所有的政府资产都是可以出售的。从政府资产中可以看出，非金融资产占有较大比例，而在非金融资产中主要是由固定资产（楼堂馆所）以及其他非金融资产（土地储备）构成，固定资产是无法及时变现的，即使政府能够出售在市中心的办公场所，同时也需要支付一笔不菲的搬家成本，显然依靠出售固定资产是缓慢并且杯水车薪的；土地储备则受到土地供求的影响，在危机时很难找到足够多的购买者，即使找到潜在购买者，土地也不会按照危机前价格进行交易，土地成交价格会大幅缩水。可见，非金融资产出售时存在较多的限制，在危机中很难起到立刻缓解债务压力的作用。

表4－6　　各表结构比较　　单位：%

	马表	李表	统表	杜表	调整表
非金融资产占比	59.94	77.67	24.96	57.30	45.42
金融资产占比	40.06	22.33	75.04	42.70	54.58
资产负债率	38.99	31.78	30.22	23.87	38.79
金融资产负债率	97.34	142.35	40.27	55.91	71.08

注：资产负债率＝总负债/总资产。

金融资产负债率＝金融负债/金融资产。

资料来源：作者自制。

3. 应及早出售资产而不要等到危机发生后

由于非金融资产在出售时存在诸多限制，因此政府往往将目标集中到金融资产中，主要是股权和投资基金份额，根据调整表的估算结果，我国金融资产负债率为75.52%，金融资产尚能覆盖金融负债，但是即使是流动性较强的股权和投资基金份额也不是随时都能满足政府需求的。因为根据费雪的“债务—通缩”理论，在通货紧缩和经济危机的情况下，大量出售资产不仅不会缓解债务压力，反而会陷入更深的债务危机，因为随着物价水平下降，债务的实际价值非但没有减少反而进一步升高。因此政府一旦发现债务危机已经不可避免时，就应尽早出售国有资产，最好是在经济繁荣时期，当国有资产的市场价值处于高位时，在不引起市场恐慌的前提下，能够尽量多的转换成偿债基金，这样做既可以保证国有资产尽量不流失，同时也有利于缓解债务危机的冲击。

第五章

中国的政府资产负债表应用

一、利用国有企业资产协助化解我国地方政府债务风险的可能性探讨

（一）我国国有企业的总体情况与资产负债表

1. 我国国有企业的总体情况

新中国成立以来，我国国有经济经历了一个从无到有、从少变多、发展壮大的过程，但是在国民经济中的比重则在改革开放后逐渐下降。

从“一五”计划开始，大量建立的国有企业有力地促进了我国的经济增长，国有企业尤其是国有工业企业基本上代表了我国的整个工业，可以说是“一统天下”。

改革开放以后，多种所有制成分发展起来，国有企业在国民经济中的份额也逐渐下降。以工业为例，国有工业企业在工业总产值中的比重从 1976 年的接近 80% 一路下降到 1999 年的不足 30% 。

由于种种原因，在 20 世纪 90 年代后半期，曾经辉煌的国有企业出现了大面积的亏损，1997 年时有 38.2% 的国有工业企业陷入亏损，

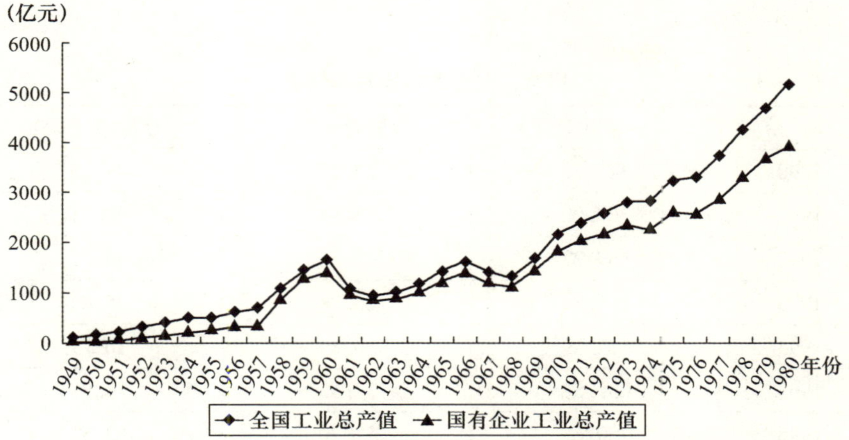

图 5－1　我国工业总产值与国有企业工业总产值的关系图

资料来源：根据《新中国六十年统计资料汇编》数据整理制图。

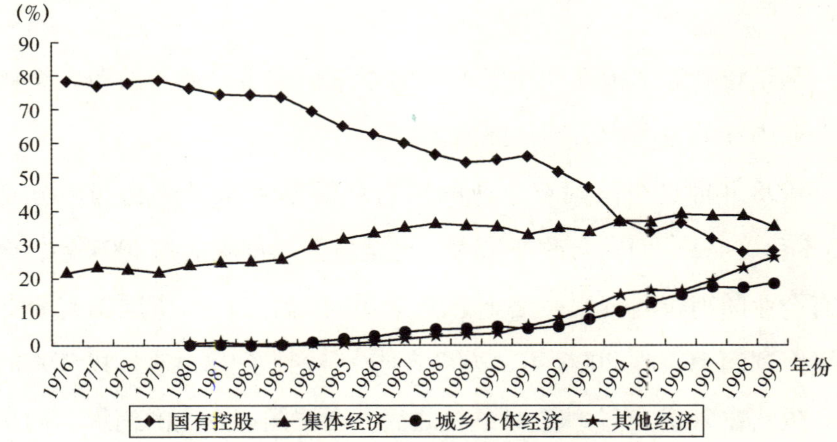

图 5－2　各种类型工业企业在工业总产值中所占比重

资料来源：《中国工业经济统计年鉴 2012》。

一大批国有企业陷入困顿。国有企业到了不改革不行的地步。

1998～2000 年开展的国企三年改革脱困，数千万的国企职工下岗、分流、买断，大批国企破产、改制、重组。然而，这是一个凤凰涅槃、艰难重生的过程。经历了这三年，留存的国有企业状况有所好转，内在盈利能力明显提高，为日后国有企业状况的进一步改善打下了良好的基础。

表5-1　　国有工业企业亏损基本情况

年　份	亏损额（亿元）	亏损面（%）	亏损率（%）
1990	348.76	27.55	47.33
1991	367.00	25.84	47.71
1992	369.27	23.36	40.83
1993	452.64	28.78	35.64
1994	482.59	30.89	36.79
1995	639.57	33.53	43.87
1996	790.68	37.70	63.51
1997	830.95	38.22	66.01

资料来源：邵宁主编：《国有企业改革实录（1998～2008）》，经济科学出版社2014年版，第48页。

从销售利润率指标和净资产利润率指标来看，通过改革，全国国有企业内在的盈利能力确实提高了。

1998年时，全国国有企业的销售利润率和净资产利润率分别为0.3%和0.4%；而随着改革深入，至全球金融危机前的2007年，全国国有企业的销售利润率一路上升至9.0%的高点；而全国国有企业的净资产利润率也在2006年、2007年分别达到了12.4%、12.1%的高点。虽然在2008年全球金融危机之后，全国国有企业的销售利润率和净资产利润率均有明显下降，但比起1998年来显然是天壤之别（如图5-3所示）。

时至今日，整体上我国国有企业已经发展到相当大的规模。2012年，我国非金融类国企的国有资产总量为25.18万亿元（合并数，合计数达到55.32万亿元）（见表5-2），2013年达到29.60万亿元（合并数）（见表5-3）。而截至2012年底，地方国企国有资产已经高达13.95万亿元（见表5-4）。

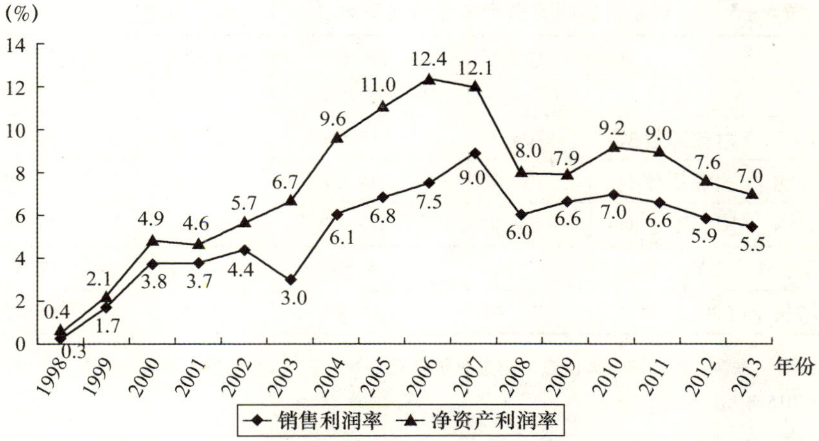

图 5－3　1998～2013 年国有企业的销售利润率和净资产利润率状况

资料来源：1998～2012 年数据根据《中国财政年鉴 2005》《中国财政年鉴 2013》整理；2013 年数据根据财政部企业司于 2014 年 7 月 28 日公布的《2013 年全国国有企业财务决算情况》整理。

表 5－2　　全国国有企业的总体情况

年　份	户数（全国合并）	年末从业人员数（全国合并，万人）	年末国有资产总量（全国合并，亿元）	年末国有资产总量（全国合计，亿元）
2002			65476.70	
2003	149988	4228.50	70457.20	
2004	137753	3976.40	74985.50	
2005	127067	3932.60	86231.20	
2006	119254	3774.60	97624.30	
2007	115087	3738.10	116200.40	
2008	113731	3672.30	131828.70	
2009	115115	3693.70	157159.00	
2010	124455	3760.70	187492.90	373852.10
2011	144715	3908.00	219904.50	466830.90
2012	151820	3889.30	251759.70	553218.10

资料来源：wind 数据库，作者整理。

表 5 – 3　　近年我国国有资产总量情况对比（不含金融类国企）

	总资产（万亿元）	净资产（万亿元）	负债率（%）	国有资产总量（万亿元）
2013 年（财政部数据）	104.10	37.00	64.46	29.60
2012 年（国资委数据）	100.23	34.09	65.99	25.18
2011 年（国资委数据）	85.38	29.17	65.8	21.99
增长率（2013,%）	3.86	8.54	–2.34	17.57
增长率（2012,%）	17.40	16.87	0.30	14.49

资料来源：国务院发展研究中心企业研究所编著：《中国企业发展报告 2015》，中国发展出版社 2015 年版。

表 5 – 4　　2012 年全国国有企业按隶属关系分析

	户数	户数占比（%）	年末从业人员人数（万人）	从业人员占比（%）	年末国有资产总量（亿元）	国有资产总量占比（%）
中央	48183	31.74	1819.5	46.80	112288	44.60
地方	103637	68.26	2068.7	53.20	139471.7	55.40
合计	151820	100.00	3888.2	100.00	251759.7	100.00

资料来源：国务院发展研究中心企业研究所编著：《中国企业发展报告 2015》，中国发展出版社 2015 年版。

2. 我国国有企业的资产负债表

目前，我国官方部门并没有公布我国国有企业的资产负债表。但事实上，国务院国资委每年均编制全国国有企业的资产负债表，只是并未公开。

而根据公开资料（国务院国资委编撰历年《国有资产监督管理年鉴》），则可以整理出简单的国有企业资产负债表。如表 5 – 5、表 5 – 6 和表 5 – 7。

从表 5 – 7 不难看出，自 2003 年国务院国资委成立以来，我国国有企业较快发展，总资产、净资产均快速增长，但资产负债率也不断攀升，从 2003 年的 57.6% 一路波动上升至 2012 年的 66%，其中的风险应引起重视。

而从考虑利用国有企业资产来协助解决地方政府债务的角度看，国有企业中的国有资产总量及分布则是更为重要的方面。

表5－5　　2010年度全国国有企业资产负债简表　　单位：亿元

汇编户数：124455户

	期末金额	年初金额
流动资产合计	288851.9	235814.9
非流动资产合计	397334.6	332468.0
资产合计	686186.5	568283.0
流动负债合计	270722.9	224989.0
非流动负债合计	170083.8	136696.0
负债合计	440806.8	361685.0
所有者权益合计	245379.7	206598.0
负债和所有者权益合计	686186.5	568283.0
年末合并国有资产总量	187492.9	

注：全国国有及国有控股企业在逐级编制合并报表过程中，按照《企业会计准则第33号——合并财务报表》对集团合并事项进行了关联交易抵消，共合并抵消资产总额286435.6亿元、负债总额125387.7亿元、所有者权益总额161047.4亿元。

资料来源：据国务院国资委公开数据整理。

表5－6　　2010年度地方国有企业资产负债简表　　单位：亿元

汇编户数：93619户

	期末金额	年初金额
流动资产合计	163867.0	130701.6
非流动资产合计	187225.6	154516.9
资产合计	351092.6	285218.5
流动负债合计	129773.1	106478.5
非流动负债合计	99180.8	79354.0
负债合计	228953.9	185832.6
所有者权益合计	122138.7	99385.9
负债和所有者权益合计	351092.6	285218.5
年末合并国有资产总量	94117.8	

资料来源：国务院国资委，作者进一步整理。

表 5－7　　2003～2012 年全国国有企业资产负债表　　单位：亿元

年　份	总资产	负债合计	所有者权益（净资产）	资产负债率（%）
2003	197103.30	113490.30	83613.20	57.60
2004	223084.20	129738.20	93346.00	58.20
2005	253721.60	147252.90	106469.00	58.00
2006	290116.10	167906.30	122209.80	57.90
2007	354813.60	206535.60	148277.90	58.20
2008	425472.80	254755.30	170717.50	59.90
2009	535371.60	332171.30	203200.20	62.00
2010	686186.50	440806.80	245379.70	64.20
2011	853748.40	562080.70	291667.70	65.80
2012	1002271.00	661393.60	340877.40	66.00

资料来源：据 wind 数据库整理。

（二）我国国有企业资产的分布情况

从我国国有企业资产的盈亏分布、大中小类型分布、央地分布和行业分布来看，我国国有资本的布局存在较大的调整空间。

1. 我国国有企业的盈亏分布

表 5－8　　全国国有企业中盈利企业的资产负债表　　单位：亿元

年　份	资产总计	负债合计	所有者权益（净资产）	资产负债率（%）
2005	209057.60	118782.80	90274.60	56.80
2006	246643.70	139418.00	107225.80	56.50
2007	335648.80	194454.50	141194.30	57.90
2008	349204.30	203500.80	145703.50	58.30
2009	488922.10	298501.90	190420.20	61.10
2010	807057.30	463738.50	343318.40	57.50
2011	1012117.00	591239.70	420858.60	58.40
2012	1172800.70	693977.50	478820.50	59.20

资料来源：据 wind 数据库整理。

表 5－9　　全国国有企业中盈利企业的总体情况

年　份	户　数	年末从业人员数（万人）	年末国有资产总量（亿元）
2005	67985	2773.70	72452.30
2006	69053	2778.50	85546.10
2007	81754	3187.90	108509.00
2008	81409	2822.10	111991.20
2010	80933	2878.70	312653.30
2011	93602	2870.90	381592.80
2012	97527	2769.20	443057.00

资料来源：根据 wind 数据库整理。

表 5－10　　全国国有企业中亏损企业的资产负债表　　单位：亿元

年　份	资产总计	负债合计	所有者权益（净资产）	资产负债率（%）
2005	57941.20	41746.70	16194.40	72.40
2006	57761.90	42777.70	14984.00	74.30
2007	29703.10	22619.50	7083.60	76.20
2008	82395.30	57339.40	25055.90	69.60
2009	46449.50	33669.40	12780.10	72.50
2010	165564.70	102456.00	63108.70	61.90
2011	242343.60	151694.10	90649.30	62.60
2012	307998.50	193507.00	114492.10	62.80

资料来源：wind 数据库，数据为合计数，作者整理。

表 5－11　　全国国有企业中亏损企业的总体情况

年　份	户　数	年末从业人员数（万人）	年末国有资产总量（亿元）
2005	59082	1158.50	13781.00
2006	50201	996.10	12078.60
2007	33333	550.20	7691.30
2008	32322	850.30	19814.80
2010	43522	879.20	61198.50
2011	51113	1043.30	85238.10
2012	54293	1131.30	110161.10

资料来源：根据 wind 数据库整理。

从表5－8～表5－11中不难看出，从资产负债率来看，亏损企业比盈利企业的资产负债率明显要高；此外，我国国有企业中亏损企业一直不少，且其国有资产总量不断增长，截至2012年底，我国国有企业中亏损企业的国有资产总量（合计数）已经超过11万亿元，占到全国国有企业中国有资产总量合计数的20%左右。

2. 我国国有企业的规模分布

按照规模大小，我国国有企业可以划分为大型、中型、小型（含微型[①]）三大类，其中。从数据上看，我国小型（含微型）国企截至2012年仍有很多。

表5－12　　全国国有企业的户数情况　　单位：户

年　份	大型企业	中型企业	小型企业（含微型）
2005	2761	12765	111544
2006	2757	12541	103963
2007	48574	9788	56725
2008	54627	10090	49014
2010	3659	14442	106354
2011	8248	25562	110905
2012	9011	27650	115159

资料来源：wind数据库，作者整理。

表5－13　　全国国有企业的户数占比情况

年　份	大型企业	中型企业	小型企业（含微型）
2005	2.2%	10.0%	87.8%
2006	2.3%	10.5%	87.2%
2007	42.2%	8.5%	49.3%
2008	48.0%	8.9%	43.1%

① 2011年后又进一步从小型企业中单独划分出微型企业。为了便于比较，2011年后的数据将微型企业并入小型企业。

续表

年　份	大型企业	中型企业	小型企业（含微型）
2010	2.9%	11.6%	85.5%
2011	5.7%	17.7%	76.6%
2012	5.9%	18.2%	75.9%

资料来源：据 wind 数据库整理。

表 5－14　　全国国有企业的年末从业人员数量　　单位：万人

年　份	大型企业	中型企业	小型企业（含微型）
2005	1894.50	1130.40	907.60
2006	1884.60	1061.00	833.00
2007	2853.00	475.40	409.70
2008	2896.60	429.90	345.80
2010	2010.00	1115.30	632.50
2011	2304.40	1057.80	552.00
2012	2304.10	1049.90	546.50

资料来源：据 wind 数据库整理。

表 5－15　　全国国有企业的年末从业人员数量占比情况

年　份	大型企业	中型企业	小型企业（含微型）
2005	48.2%	28.7%	23.1%
2006	49.9%	28.1%	22.0%
2007	76.3%	12.7%	11.0%
2008	78.9%	11.7%	9.4%
2010	53.5%	29.7%	16.8%
2011	58.9%	27.0%	14.1%
2012	59.1%	26.9%	14.0%

资料来源：据 wind 数据库整理。

表 5－16　　全国国有企业的年末国有资产总量情况　　单位：亿元

年　份	大型企业	中型企业	小型企业（含微型）
2005	23615.60	16767.40	45848.60
2006	27886.50	19153.70	50584.60

续表

年　份	大型企业	中型企业	小型企业（含微型）
2007	97012.70	6950.60	12237.10
2008	109195.20	7402.50	15231.00
2010	115759.60	75755.30	182336.90
2011	199187.20	81528.60	186115.10
2012	251739.30	103474.50	198004.30

注：由于按照大中小微型将国有企业分类统计，因此各类国有企业的国有资产总量是合计数，而不是合并报表数。

资料来源：据 wind 数据库整理。

表 5－17　全国国有企业的大中小型国企的年末国有资产总量占比情况

年　份	大型企业	中型企业	小型企业（含微型）
2005	27.4%	19.4%	53.2%
2006	28.6%	19.6%	51.8%
2007	83.5%	6.0%	10.5%
2008	82.8%	5.6%	11.6%
2010	31.0%	20.3%	48.8%
2011	42.7%	17.5%	39.8%
2012	45.5%	18.7%	35.8%

资料来源：据 wind 数据库整理。

从表格 5－12 ~ 表 5－17 可以看出，虽然经历过“抓大放小”的国企改革，但小型（含微型）国有企业在全国范围内仍广泛存在，截至 2012 年底，我国小型（含微型）国有企业户数仍然有 11.5 万家，占总户数的 75.9%；小型（含微型）国有企业的从业人员有 546.5 万人，占全国国有企业从业人员的 14%；小型（含微型）国有企业的国有资产总量有 19.8 万亿元（合计数），占全国总量的 35.8%。尽管很多小型、微型国有企业是大的国有企业集团的下属独立法人，上述数据没有进行合并报表，但是从 2012 年全国国有企业国有资产总量合计数（55.3 万亿）与合并数（25.2 万亿）的比例关系来看，估计我国小型、微型国有企业仍然有较大数量。

3. 我国国有企业的央地分布

表 5－18　全国国有企业中中央企业与地方国企的总体情况

年　份	户　数		年末从业人数（万人）		年末国有资产总量(亿元)	
	中央企业	地方企业	中央企业	地方企业	中央企业	地方企业
2005	22239	104828	1709.90	2222.70	49353.20	36878.10
2006	22582	96672	1701.00	2078.60	55956.50	41668.10
2007	22889	92198	1732.30	2005.90	66995.90	49204.50
2008	23592	90139	1701.70	1970.60	72926.10	58902.60
2009	25408	89707	1712.70	1981.00	82481.70	74677.30
2010	30836	93619	1770.50	1990.10	94804.50	99001.30
2011	44232	100483	1834.40	2073.70	102244.70	117659.80
2012	48183	103637	1819.50	2068.70	112288.00	139471.70

资料来源：据 wind 数据库整理。

表 5－19　全国国有企业中中央企业与地方国企的比重情况

年　份	户　数		年末从业人数（万人）		年末国有资产总量(亿元)	
	中央企业	地方企业	中央企业	地方企业	中央企业	地方企业
2005	17.5%	82.5%	43.5%	56.5%	57.2%	42.8%
2006	18.9%	81.1%	45.0%	55.0%	57.3%	42.7%
2007	19.9%	80.1%	46.3%	53.7%	57.7%	42.3%
2008	20.7%	79.3%	46.3%	53.7%	55.3%	44.7%
2009	22.1%	77.9%	46.4%	53.6%	52.5%	47.5%
2010	24.8%	75.2%	47.1%	52.9%	48.9%	51.1%
2011	30.6%	69.4%	46.9%	53.1%	46.5%	53.5%
2012	31.7%	68.3%	46.8%	53.2%	44.6%	55.4%

资料来源：wind 数据库，作者整理。

从上述国有企业的央地分布来看，地方国有企业在国有资产总量占比上近年来增长很快，到 2012 年底已经达到 13.9 万亿元，占比 55.4%；

而中央企业国有资产总量2012年底为11.2万亿元，占比44.6%。换言之，地方国有企业从国有资产量上来看，具有了更强的实力。

4. 我国国有企业的行业分布

在财政部1998年公布的相关统计划分标准中，可将国有企业按作用分为基础性行业、一般生产加工行业、商贸服务及其他行业三大类。①

表5－20　全国国有企业按行业大类分类的户数情况

年份	基础性行业		一般生产加工行业		商贸服务及其他行业	
	户数	比重	户数	比重	户数	比重
2005	36443	28.7%	30356	23.9%	60268	47.4%
2006	34150	28.6%	28139	23.6%	56965	47.8%
2007	36729	31.9%	25673	22.3%	52685	45.8%
2008	36852	32.5%	25461	22.4%	51191	45.1%
2010	34189	27.5%	25364	20.4%	64902	52.1%
2011	40834	28.2%	28430	19.6%	75451	52.1%
2012	43516	28.7%	29117	19.2%	79187	52.2%

资料来源：据wind数据库整理。

表5－21　全国国有企业按行业大类分类的年末从业人员数量情况

年份	基础性行业		一般生产加工行业		商贸服务及其他行业	
	人数（万人）	比重（%）	人数（万人）	比重（%）	人数（万人）	比重（%）
2005	2072.4	52.7	1311.4	33.3	548.6	14.0
2006	1986.0	52.6	1247.0	33.0	542.7	14.4

① 基础性行业：采掘业（06～12），原材料制造业（25、31、32、33、261），电力、煤气及水的生产和供应业（44～46），建筑业（472、473、481），交通运输、仓储及邮电通信业（52～60）。

一般生产加工行业：农林牧渔业（01～01），一般加工制造业（13～24、26～30、34～43），建筑业（49、471、482），不含261。

商贸服务及其他行业：农林牧渔服务业（05），批发和零售、贸易及餐饮业（61～67），金融、保险业（68、70），房地产业（72～74），社会服务业（75～84），卫生、体育和社会福利业（85～87），教育、文化艺术及广播电影电视业（89～91），科学研究和综合技术服务业（92、93），国家机关、政党机关和社会团体及其他行业（94～99）。

续表

年份	基础性行业		一般生产加工行业		商贸服务及其他行业	
	人数(万人)	比重(%)	人数(万人)	比重(%)	人数(万人)	比重(%)
2007	2005.7	53.7	1128.7	30.2	603.7	16.1
2008	2024.4	55.2	1068.6	29.1	576.4	15.7
2010	2028.8	54.0	1103.2	29.4	625.9	16.7
2011	1984.5	50.7	1192.3	30.5	737.4	18.8
2012	1972.6	50.6	1146.4	29.4	781.6	20.0

资料来源：据 wind 数据库整理。

表 5－22　全国国有企业按行业大类分类的年末国有资产总量情况　单位：亿元

年份	基础性行业		一般生产加工行业		商贸服务及其他行业	
	国有资产	比重	国有资产	比重	国有资产	比重
2005	53844.7	62.4%	11280.4	13.1%	21106.2	24.5%
2006	60886.8	62.4%	12113.0	12.4%	24643.7	25.2%
2007	72014.5	62.0%	16662.1	14.3%	27523.8	23.7%
2008	80974.3	61.5%	19877.8	15.1%	30834.9	23.4%
2010	217176.4	58.1%	38473.2	10.3%	118202.1	31.6%
2011	265042.9	56.8%	58190.2	12.5%	143597.8	30.8%
2012	308642.5	55.8%	66548.5	12.0%	178027.0	32.2%

资料来源：wind 数据库，作者整理。

从上述三张表中不难看出，截至 2012 年底，我国国有企业在基础性行业中户数占比 28.7%，从业人员占比 50.6%，国有资产总量占比 55.8%；在一般生产加工行业中户数占比 19.2%，从业人员占比 29.4%，国有资产总量占比 12.0%；在商贸服务及其他行业中户数占比 52.2%，从业人员占比 20.0%，国有资产总量占比 32.2%，达到 17.8 万亿元（合计数）。此外，从趋势上看，商贸服务及其他行业的三个指标占比均呈现出明显的上升趋势，而基础性行业和一般生产加工行业的三个指标占比呈现出下降趋势。

如果进一步细化地看商贸服务及其他行业，我们可以看到，随着时代变迁，在一些已经不太重要、民营经济已经充分成长的行业，国有企业仍然占有相当大的份额。以批发和零售、餐饮业，以及住宿业为例。

表 5－23　全国国有企业中在批发和零售、餐饮业中的国企情况

年　份	户数合计（家）	年末从业人员数（万人）	年末国有资产总量（亿元）
2002			3681.50
2003	36204	288.20	3765.10
2004	31661	245.70	4277.40
2005	27888	232.40	4644.50
2006	24297	214.10	6325.70
2007	21397	209.80	4641.40
2008	20296	211.20	4892.10
2009	20285	221.80	6074.90
2010	22047	210.70	23060.00
2011	22522	241.00	22113.80
2012	23591	244.50	26134.00

资料来源：据 wind 数据库整理。

从 2007 年以来，总体上看，在批发和零售、餐饮业中的国有企业户数、从业人员数和国有资产总量是增加的，到 2012 年，在批发和零售、餐饮业中的国有企业有 2.36 万家，从业人员数 244.5 万人，拥有国有资产总量为 2.6 万亿元。

从表 5－24 中可以看出，曾经在餐饮业中的国有企业大部分已经逐渐退出，到 2009 年已经只剩下 619 家，涉及从业人员 5.3 万人，年末国有资产总量为 49.8 亿元；但不知何故，到 2010 年，餐饮业国有企业有明显的扩张趋势，企业数增加到 804 家，从业人员增长到 9.4 万人，国有资产总量增加到 105.4 亿。

表 5－24　　　　　　全国国有企业中餐饮业国企状况

年　份	户数（家）	年末从业人员数（万人）	年末国有资产总量（亿元）
2002			73.70
2003	1434	13.70	59.20
2004	1306	17.00	49.20
2005	1174	11.90	54.80
2006	1093	10.90	51.00
2007	760	6.20	45.20
2008	678	5.10	37.60
2009	619	5.30	49.80
2010	804	9.40	105.40

资料来源：据 wind 数据库整理。

表 5－25　住宿业的城镇固定资产投资完成额中的各种所有制成分投资 单位：亿元

年　份	私人控股	国有控股	集体控股	港澳台商投资	外商投资
2004	45.13	100.21	10.12	34.28	23.21
2005	92.46	108.21	17.91	34.67	35.64
2006	366.05	144.17	50.03	35.26	47.79
2007	534.51	204.65	71.91	58.65	67.65
2008	707.51	238.65	84.69	80.04	89.15
2009	982.31	286.22	99.40	69.26	73.11
2010	1358.46	371.53	145.49	119.10	83.06
2011	1937.42	464.36	152.68	162.31	89.69
2012	2403.29	561.90	188.39	195.94	96.13
2013	2996.04	629.18	185.71	173.38	102.95

资料来源：据 wind、国家统计局数据整理。

虽然因为缺乏相关数据，在住宿业中的国有企业比重我们还不太清楚，但从新增固定投资中我们也可以看出国有控股企业过去在住宿业中占据重要地位，时至今日仍然在住宿业中占有相当重要的地位。从上表不难看出，在住宿业的城镇固定资产投资中，来自国有控股企业的投资一直在逐年增加，且一直远高于同期集体控股企业、港澳台商投资企业和外商投资企业，私人控股企业的投资也只是从2006年才开始高于国有控股企业。2004年时，私人控股、国有控股、集体控股、港澳台商投资、外商投资企业对住宿业的城镇固定资产投资金额依次为45.13、100.21、10.12、34.28、23.21亿元，分别占比为21.2%、47.1%、4.8%、16.1%、10.9%，国有控股企业占比接近50%。到2013年，私人控股、国有控股、集体控股、港澳台商投资、外商投资企业对住宿业的城镇固定资产投资金额依次为2996.04、629.18、185.71、173.38、102.95亿元，分别占比为73.3%、15.4%、4.5%、4.2%、2.5%，国有企业占比仍然超过15%。

因此，如果考虑国有企业进一步改革的方向，则在一般生产加工行业、商贸服务及其他行业中的一些领域，国有资本可以适当规模甚至较大规模的退出。

（三）利用国有企业资产协助化解地方政府债务风险的可能性分析

国有企业资产从理论上讲是全民所有的。国家对国有企业资产的管理实行的是“国家统一所有、政府分级监管、企业自主经营”的体制，这一点在2003年国资委系统成立之后也没有改变。“所谓统一所有，就是所有国有资产都由国务院统一行使所有权；所谓分级监管，就是具体的监督管理由各级政府实施，各级政府对其监督管理的资产享有资产收益权、处分权和选派管理者等项权力。这种管理体制实质上是承认各级政府对其监管的国有资产拥有准所有权”[①]。陈佳贵先生

① 陈佳贵：“国有企业应实行分级所有”，载于《经济研究参考》1997年第55期。

在1997年时就撰文提出，为了适应国有企业股份制改造的新形式，“国有企业应实行分级所有”。国务院发展研究中心的专家郭励弘在2000年左右就撰文，对“全部国企属国务院所有，各级政府分级管理”的做法提出质疑，认为其存在理论上的悖误，这样一种产权安排是不现实的，建议“国有企业应分级所有”①。此后，一直有不少学者撰文呼吁国有企业应分级所有。一直到2014年底，国务院发展研究中心企业研究所张文魁副所长仍然在呼吁，“国企改革想突破一定要走向资产分级所有”②。张文魁指出，“只有走向国有资产分级所有，然后顺理成章实行国企分级改革，我们这盘棋③才下得活”④。

由于在实践操作中，地方政府已经对地方国有企业拥有了“准所有权”，目前欠缺的只是理论上的“名正言顺”。因此，在国企改革继续向前走的大背景下，利用我国数量较大的地方国有企业资产，来解决缺口不小的地方政府债务，就存在了一定的可能性。

张文魁（2011）曾从国有资产的角度来分析地方融资平台，他认为“融资平台偿债能力并不取决于其自身的资产负债状况，也不仅仅局限于政府的征税能力，而是在很大程度上基于当地国有资产总量和增值潜力。”“政府仍然可以将不属于基础设施领域、可以产生现金流和具有良好盈利能力的国有资产，譬如说制造业国有资产，注入任何平台性公司当中去，从而可以迅速改善平台性公司的财务状况和还款能力。”⑤ 不难看出，该思路主要是从资产注入以改善负债率和盈利性

① 郭励弘：“国有企业应分级所有”，载于《求知》2000年第10期。

② 张文魁在2015网易经济学家年会上的发言，2014年12月16日，见网易财经的报道《张文魁：国企改革想突破一定要走向资产分级所有》。

③ 指国企改革。

④ 张文魁在2015网易经济学家年会上的发言。

⑤ 张文魁：《从国有资产的角度分析融资平台》，国务院发展研究中心调研报告，2014年第115号。

角度来考虑的。而魏加宁（2014）则提出，可以出售部分国有资产来筹措“地方政府债务风险处置基金”[①]。

国际经验表明，进一步收缩国有经济战线，国有资本从一些竞争性、不具竞争优势和必要性的领域中退出，而更加集中于提供公共服务的产业与领域及其他具有战略性的领域，那些转让部分国有产权的收入理论上是可以用来协助解决地方政府债务的。

1. 当前发达国家国有经济布局主要集中于公用事业部门

在国有经济布局方面，经历了几十年的私有化进程之后，OECD（经济合作与发展组织）国家保留至今的国有企业有着较强的行业集中性，以资产价值来衡量，一半的国企集中于公用事业行业（如交通、发电和能源），约1/4的国企集中于金融行业。总体而言，在最近的几十年间，OECD国家国有企业的行业分布越来越集中于公用事业部门（Utilities Sector）。[②]

如下图显示，公用事业的资产价值（电信、电力和燃气、交通及其他公用事业）在OECD国家的国有经济中占了总资产价值的正好一半。第二大领域是金融行业，以资产价值衡量占24%。自1990年以来，虽然国有银行通过上市已经开展了最为活跃的私有化过程，但现存的金融领域的国有企业大多数并不是在股票市场上市的银行，而是政府控制力很强的保险、养老金和特殊的金融机构。以资产价值衡量，意大利和瑞典政府持有这样的国有金融机构较多。至于其他行业，初级产业（the primary sector）比重较高，约占5%，因为有一些大的北

① 魏加宁：《有关化解地方债务风险政策建议》，国务院发展研究中心摘要，2014年第13号。

② 贾涛：《全球国有企业发展现状：OECD国家和主要新兴市场国家》，国务院发展研究中心调研报告，2014年。

欧石油天然气企业和采矿企业。制造业（7%）比重相对较大，因为少数几家上市的国有股占大头的公司，占了行业的2/3，包括美国的通用汽车（General Motors）和日本烟草。

把目光转回中国，党的十八届三中全会《决定》也明确指出，“国有资本投资运营要服务于国家战略目标，更多投向关系国家安全、国民经济命脉的重要行业和关键领域，重点提供公共服务、发展重要前瞻性战略性产业、保护生态环境、支持科技进步、保障国家安全”。

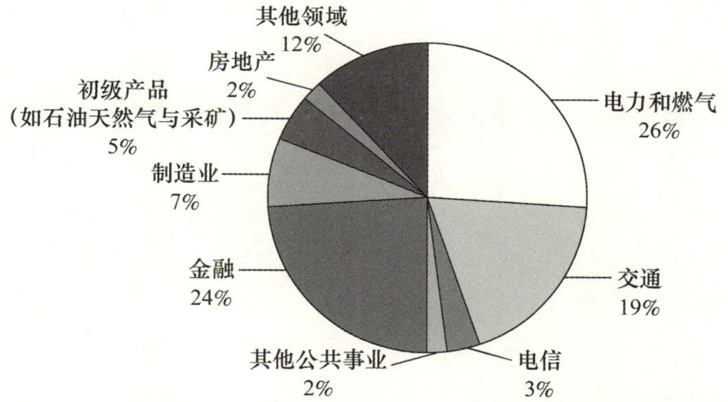

图 5-4 2009 年 OECD 国家以公司资产价值来衡量的国有企业行业分布

2. 我国国有企业效率总体上不如外企与民企

经过计算发现，尽管自1998年国企三年改革脱困以来国有企业的效率有了明显提高，但在三类工业企业历年的净资产收益率比较中，国企都低于外企，更远低于私企。

其他一些研究也有类似的结论。例如中国三星经济研究院通过分析认为，除了少数垄断性行业，民营部门的盈利指标均高于国有部门：从资产回报率看，绝大多数行业中民营部门的利润总额/总资产都与国有部门接近，甚至更高，国有部门仅在石油天然气开采、烟草两个垄断性行业中拥有绝对优势；从利润率看，国有部门也仅在少数行业

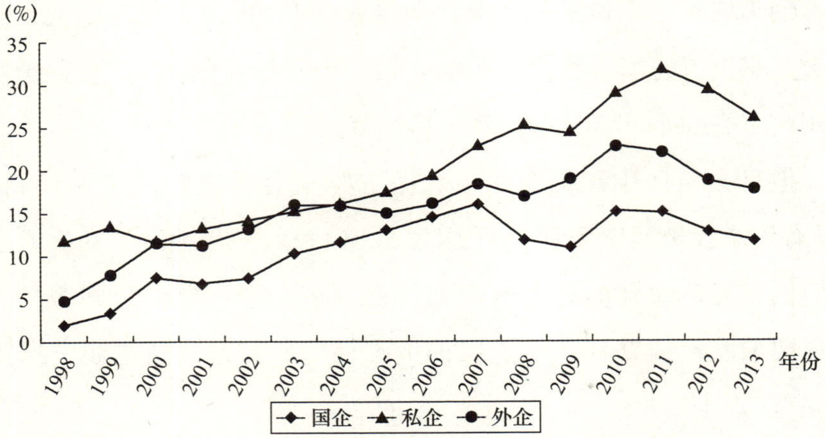

图 5-5　工业企业中三类企业的净资产收益率比较

资料来源：据《中国统计年鉴 2014》。

中拥有较高的利润总额/主营业务收入比值，大多数行业中，民营部门的利润率与国有部门不相上下。[①] 如图 5-6 所示。

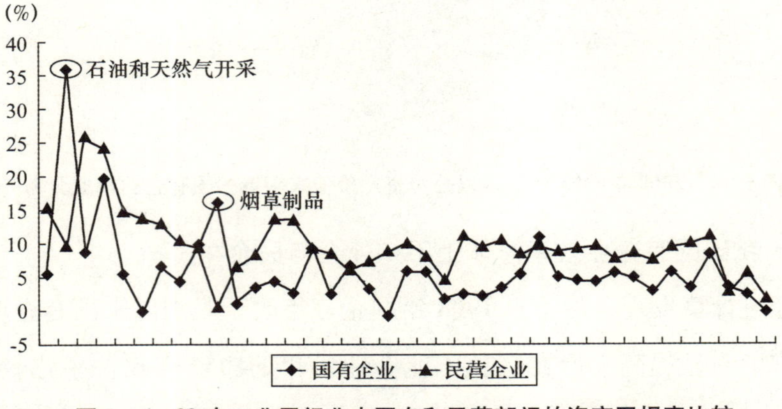

图 5-6　39 个工业子行业中国有和民营部门的资产回报率比较

资料来源：《“国进民退”的发展与展望》，中国三星经济研究院，2010 年 4 月。

既然国有（工业）企业在相当多的领域效率并不如外企和民企，那么在不需要国有资本进一步发挥作用的领域，按道理讲，国有企业

① 中国三星经济研究院：《“国进民退”的发展与展望》，2010 年 4 月。

就应该可以进行混合所有制改革甚至完全退出。

3. 当前多数省份的国有资产量足以支持地方政府债务的解决

从表5－26可以看出以下几点。

（1）经济发达的地区，地方政府债务规模一般较大，但地方国有企业的国有资产也多，总体而言地方国企的国有资产总量与政府债务之比一般大于1；反而是经济欠发达地区，地方政府债务负担重，地方国有企业的国有资产相对较少，地方国企的国有资产总量与政府债务之比往往小于1。

（2）不少省市如上海、天津、重庆、浙江等，即便考虑政府的或有债务，目前的国有企业的国有资产总量亦大于政府全部债务额，即转让国有企业产权在相当多的省份可以一次性还清政府全部债务（包括或有债务）。

表5－26　地方政府债务与国有资产存量对比表　单位：亿元

地　区	2013年6月底			2012年底		
	政府债务	担保债务	救助债务	国有资产总量	国有资产与政府债务之比	国有资产与政府全部可能债务之比
北　京	6506.07	152.05	896.02	6093.7	93.66%	80.67%
上　海	5194.30	532.37	2729.18	12953.2	249.37%	153.19%
天　津	2263.78	1480.60	1089.36	6422.2	283.69%	132.86%
重　庆	3575.09	2299.88	1485.30	8979.9	251.18%	122.01%
江　苏	7635.72	977.17	6155.85	14719.4	192.77%	99.67%
浙　江	5088.24	327.09	1513.04	10167.7	199.83%	146.75%
广　东	6931.64	1020.85	2212.88	8006.5	115.51%	78.76%
福　建	2453.69	243.73	1684.46	4306.8	175.52%	98.29%
山　东	4499.13	1218.68	1389.99	5569.3	123.79%	78.35%
海　南	1050.17	225.26	135.41	929.4	88.50%	65.88%
辽　宁	5663.32	1258.07	669.48	4135.8	73.03%	54.48%

续表

地区	2013 年 6 月底			2012 年底		
	政府债务	担保债务	救助债务	国有资产总量	国有资产与政府债务之比	国有资产与政府全部可能债务之比
吉　林	2580.93	972.95	694.48	1248.7	48.38%	29.39%
黑龙江	2042.11	1049.89	496.12	1052.5	51.54%	29.33%
安　徽	3077.26	601.20	1618.86	5929.9	192.70%	111.94%
湖　北	5150.94	776.89	1752.95	4342.2	84.30%	56.53%
湖　南	3477.89	733.41	3525.99	3561.4	102,40%	46.03%
河　南	3528.38	273.52	1740.04	2692.7	76.32%	48.59%
江　西	2426.45	832.56	673.48	3628.7	149.55%	92.27%
山　西	1521.06	2333.71	323.73	2823	185.59%	67.56%
四　川	6530.98	1650.90	1047.74	6988.3	107.00%	75.72%
陕　西	2732.56	947.75	2413.48	4068.2	148.88%	66.76%
甘　肃	1221.12	422.80	1317.55	2372.1	194.26%	80.10%
新　疆	1642.35	807.71	296.09	1531.9	93.27%	55.78%
内蒙古	3391.98	867.27	282.82	2036.7	60.04%	44.84%
宁　夏	502.20	180.55	108.25	387.9	77.24%	49.04%
青　海	744.82	160.52	152.31	1049.7	140.93%	99.25%
贵　州	4622.58	973.70	725.33	3126.5	67.64%	49.46%
云　南	3823.92	439.42	1691.49	4066.5	106.34%	68.29%

注：政府负有偿还责任的债务，简称为：政府债务；政府负有担保责任的债务，简称为：担保债务；政府可能承担一定救助责任的债务，简称为：救助债务。本表在省份上差广西、河北、西藏，但理应不影响整体结论。

资料来源：作者自制。

从国有资本经营预算①的角度看，国家作为国有资本投资者依法取得国有资本收益，是应当享有的权利，也是建立国有资本经营预算

① 所谓国有资本经营预算，是指反映政府出资人以资本所有者身份取得的收入和用于资本性支出的预算，反映了国有资本所有者与国有资本经营者之间的收益分配关系。

制度的基础。2007 年，国务院发布了《国务院关于试行国有资本经营预算的意见》，规定国有资本收益具体包括：①应交利润，即国有独资企业按规定应当上交国家的利润；②国有股股利、股息收入，即国有控股、参股企业国有股权（股份）获得的股利、股息收入；③国有产权转让收入，即转让国有产权、股权（股份）获得的收入；④企业清算收入，即国有独资企业清算收入（扣除清算费用），国有控股、参股企业国有股权（股份）分享的公司清算收入（扣除清算费用）；⑤其他国有资本收益。

很明确，国有产权转让收入也是国有资本收益的一部分。而目前在实践中，国有资本收益还多以国有企业的利润上缴为主，国有产权转让收入较少。不难想象，随着混合所有制改革的进一步深入推进，从中央到地方，国有产权转让收入在国有资本收益中的比重将会有明显提高。

因此，综合前文分析，利用国有企业资产来协助解决地方政府债务是具有较大的可能性和操作性的，理由有如下几点。

（1）从国有企业的资本属性和改革方向来看，按照“谁投资、谁负责”的权责对等原则和目前中央地方“分灶吃饭”的财税体制，国有企业应该实行分级所有。地方政府将拥有的国有资本收益用于弥补地方政府债务，从道理上是说得通的，现实上也具有可操作性。

（2）从我国国有企业的发展历程来看，国有企业曾经大面积陷于困顿，在效率上不如外企、私企，在一定行业和领域理应可以退出。在国有企业效益尚可的时候加大国有经济调整的力度，其产权转让收入能够获得更高的溢价，而“不要等到冰棒化了再改革”。

（3）从目前国有经济的分布来看，存在大量的亏损国有企业、小微型国有企业，在一般生产加工行业、商贸服务及其他行业中（比如住宿业）国有企业仍然有较高比重，从党的十八届三中全会精神和国际经验看，我国国有经济应该更加向公共服务、公用事业集中，而在其他一些领域可以适度甚至完全退出。

（4）从地方政府债务偿还的角度看，考虑分期偿还，部分国有产权转让收入可以用来弥补财政还债资金的缺口或替代部分借新还旧资金，从而有利于协助地方政府债务问题的解决。从地方国有企业的国有资产总量上看，从理论上大部分省份是可以做到的，部分省份的地方国企的国有资产总量少，则可以考虑中央企业的国有资本收益来适当转移支付。当然，具体到各个省份，如何通过国有资本收益来协助解决地方政府债务，还需要具体情况具体分析。

二、非经营性国有资产纳入国家资产负债表的几个问题

非经营性国有资产与经营性国有资产以及自然资源性国有资产构成了我国国有资产的完整体系，在政府公共管理和公共事业发展中发挥着重要的作用。据初步统计，2012 年，地方政府资产规模为 31.7 万亿，其中，地方政府拥有的非金融国有资产 13.3 万亿、非经营性资产 11.4 万亿、土地储备 6 万亿、地方财政存款 1 万亿[①]。随着市场经济下公共财政体系的进一步完善，企业经营性国有资产结构的调整，这个比例还将提高。

自 2003 年党的十六届三中全会针对我国企业经营性国有资产新型体制已经初步建立、其他国有资产管理相对滞后的现状，指出“建立健全国有金融资产、非经营性资产和自然资源资产等的监管制度”以

① 东方证券编制，http：//business.sohu.com/20130731/n383026884.shtml。

来，我国理论和实务界对此开展了积极的研究和有益的探索，但也存在一定盲点。

（一）非经营性国有资产的概念

非经营性国有资产，一般指的是各级行政事业单位所占有、使用、管理的，依法确认为国家所有，能以货币计量的各种经济资源的总和。包括国家拨给行政事业单位的资产，行政事业单位按照国家政策规定运用国有资产组织收入形成的资产，以及接受捐赠和其他经法律确认为国家所有的资产等，主要存在于国家机关、人民团体、科教文卫、体育、军队、警察等公共部门。

理论界对非经营性国有资产普遍的解释是，不以营利为目的，不参与市场经营，不直接参与生产和流通过程，用于政府公共管理和为公共事业服务的资产。实务界一般称之为行政事业单位国有资产，西方国家一般称之为公有资产（Public Owned Assets）、政府资产（Government Assets）或非营利性资产（Non-profit Assets）。与非经营性资产相对应是经营性资产，其最大的特点是营利性、要求保值增值，其统计范围包括：中央层面的中央政府国有资产（非金融）、中央汇金拥有股权（金融）、全国社保基金资产、对四大资产管理公司的权益；地方层面主要是地方国有资产。

对非经营性国有资产界定，还有一些不同看法。邵秉仁认为，非经营性国有资产除了行政事业单位国有资产外，还包括社会大众共同占用的公共设施和公共工程等国有资产①。而邓晓兰认为，财政退出竞争性经营领域后将国有资产分为经营性和非经营性资产两大类不尽

① 邵秉仁：《创建国有资产管理新体制》，中国财政经济出版社2003年版。

合理，有必要首先将国有资产按其在运营中是否增值区分为营利性和非营利性国有资产，再按其是否与非国有经济部门发生竞争区分为竞争性和非竞争性国有资产[1]。

事业单位国有资产的管理实行“国家统一所有，政府分级监管，单位占有、使用”的管理体制。

（1）国家统一所有。事业资产是以国有资产初始投入，并由国家财政资金不断补偿积累形成，因此属于国家所有。事业单位国有资产的使用目的是提供公共服务或公共产品，公共产品的非竞争性、非排他性的特点决定了其资产的国家所有和国家提供。

（2）政府分级监管。各级政府代表国家对本级事业资产实施监管。一级政府一级财权一级事权，各级政府代表国家行使着所有者权利。

（3）单位占有使用。事业单位拥有对本单位资产的占有使用权和事业法人的自主经营权，并在国家资产管理的法律、行政法规的规范下，占有、使用国有资产；国有资产管理部门不能随意干涉事业单位正常的业务活动。但是，事业单位享有占有、使用权，并不意味可以任意安排资产的使用方向。国家配备给事业单位资产是保证其完成事业发展任务的重要资源，单位若将资产用于对外投资、出租、出借等经营活动，则必须经过财政部门的批准。

（二）非经营性国有资产的性质和特点

非经营性国有资产监管比经营性国有资产更复杂，难度更大[2]。

---

① 邓晓兰：“公共财政与非经营性国有资产管理——非经营性国有资产管理体制初探”，载于《统计与信息论坛》2001 年第 3 期。

② 张文魁：“国资委不管行政事业单位国有资产可能是个大漏洞”，载于《领导决策信息》2003 年第 6 期。

在资产负债表中，为了正确体现非经营性国有资产，首先应明确非经营性国有资产的性质和特点。

1. 非经营性国有资产和经营性国有资产具有不同目标

非经营性国有资产提供的是公共产品或准公共产品。其管理目标应是社会经济效益和经济公平的最优化，要破除狭隘的“保值增值”观，要把国有资产管理的目标建立在全民利益最大化的基础上。非经营性国有资产的管理要以促进各项社会事业发展为目的。同时，对非经营性国有资产的界定不能简单地以资产占用单位来区分“企业国有资产”和“行政事业单位国有资产”。两类资产目前在我国功能混乱，相互占用。必须区分资产的经营性与非经营性功能，因为，国有企业目前仍有一部分非经营性国有资产，行政事业单位也有部分资产用于经营。

2. 非经营性国有资产和经营性国有资产具有不同的变现能力、流动性和偿债能力

由于非营利性资产的所有者不具有剩余索取权、抵押权和处置权，所以非经营性国有资产不具备经营性国有资产的变现能力、流动性和偿债能力。由于非营利性组织所具备的“不以营利为目的”的根本特征，导致非营利性国有资产的“股份”权益与经营性国有资产的权益有着本质的区别。财政部、国家税务总局《关于非营利组织免税资格认定管理有关问题的通知》对非营利组织的认定资格规定如下：（1）依照国家有关法律法规设立或登记的事业单位、社会团体、基金会、民办非企业单位、宗教活动场所以及财政部、国家税务总局认定的其他组织；（2）从事公益性或者非营利性活动，且活动范围主要在中国境内；（3）取得的收入除用于与该组织有关的、合理的支出外，全部用于登记核定或者章程规定的公益性或者非营利性事业；（4）财产及其利息不用于分配，但不包括合理的工资薪金支出；（5）按照登记核定或者章程规定，该组织注销后的剩余财产用于公益性或者非营利性目的，或者由登记管理机关转赠与该组织性质、宗旨相同的组织，并向社会公告；（6）投入人对投入该组织的财产不保留或者享有任何财产权利，本款所称投入人是指除各级人民政府及其部门外的法人、自然人和其他组织：（7）工作人员工资福利开支控制在规定的比例内，不变相分配该组织的财产，其中：工作人员平均工资薪金水平不得超过上年度税务登记所在地人均工资水平的两倍，工作人员福利按照国家有关规定执行。可见，作为非营利性机构的事业单位不具有剩余索取权和自由处置权。

非经营性国有资产不具有剩余索取权和自由处置权，在一些具体的部门也有体现。例如，我国医疗机构分类管理政策明确规定，政府不举办营利性医疗机构；《医院财务制度》第三条明确规定，（公立）医院是承担一定福利职能的社会公益事业单位，不以营利为目的。《医疗机构分类管理条例》规定，非营利性医疗机构不得分红。这也是国家上对非营利性机构要求的普遍做法。在国际上，也对营利性和非营利性机构有明确的区别。在财、价、税、筹资、监管方面都是不一样的。比如在美国，私立非营利性医疗机构可以免税，营利性医疗机构可以上市，但是私立非营利性医疗机构不能上市①。

非经营性国有资产也不可作为抵押物。我国《物权法》规定，以下为禁止抵押的财产：（1）土地所有权；（2）耕地、宅基地、自留地、自留山等集体所有的土地使用权，但法律规定可以抵押的除外；（3）学校、幼儿园、医院等以公益为目的的事业单位、社会团体的教

① 政府举办混合所有制营利性医院有违宪法责任，健康界 2014 年 4 月 22 日，http://www.yigoonet.com/article/2257092.html。

育设施、医疗卫生设施和其他社会公益设施；（4）所有权、使用权不明或者有争议的财产；（5）依法被查封、扣押、监管的财产；（6）法律、行政法规规定不得抵押的其他财产。由于事业单位对国有资产占有使用权，是为了满足和保障其履行职能、发展事业的需要，从理论上讲，事业单位占有使用权的资产不应用来对外投资或出租、出借、担保。虽然当前事业单位经营行为较为普遍，暴露出很多问题，造成了国有资产大量流失，但随着依法治国的进程深化，上述法律法规将不断得到真正落实。

（三）国外非经营性国有资产管理模式

根据对世界主要国家非经营性国有资产管理体制的比较研究，一般而言，非经营性国有资产的管理体制比较有代表性的主要有三种模式：日韩模式、德澳模式和美加模式。

1. 日本、韩国非经营性国有资产管理

日本、韩国两国把国有资产主要划分为行政财产和其他财产，其中行政财产包括公用财产、公共财产、企业财产，立宪制的日本行政资产还包括皇室资产。公用财产主要是政府办公大楼、国立学校、国立医院、公务员宿舍以及附带设施和土地。公共财产是用于公共目的的财产，包括公园、公路等公共设施和森林、河流等公共资源。企业财产主要是国有企业的生产设备、厂房、职工宿舍等。

在日本，日本财务省的财务局负责国有资产管理事务的综合协调及相关制度的制定，是日本国有资产的主管部门，各个省、厅是资产管理的执行机构。日本对国有行政资产实行委托管理，即财务省委托中央各个部委和地方政府部门管理国有行政资产，政府各行政部门最高官员负责具体管理。

行政资产形成的管理非常严格，《国有资产法》授权财务省大臣行使行政资产管理的统一审批权。政府国有资产形成或者进行大的修缮和改良之前，各省厅需要向财务省申请预算，详细报明经费支出，财务省对行政资产取得申请进行审查、批复，之后财政拨款形成行政资产。对于新建建筑物，由国土交通省负责招标。有关政府部门必须每隔5年对所有财产的价值重新评估，其价值在评估之后重新登记。各部门大臣还必须在每年7月底之前，将上个年度所管的国有资产增减变动编制成报告书，向财政大臣报告。各政府部门必须向财政大臣提交国有资产的详细资料和数据，各部门在变更国有资产用途时必须提出报告，财政大臣对此提出意见和要求。

在韩国，韩国财政经济部是统筹和管理全国国有财产的部门，财政经济部长官（部长）总负责。韩国国有财产实行“多级负责、分类管理”，国有资产由中央政府和地方政府多级负责，中央政府各部门和团体分别管理所属部门和团体的国有财产，地方的国有财产经财政经济部委托，由直辖市、道、自治团体总管，并通过直辖市、道、自治团体将管理责任下放到各市、郡管理。韩国实施分类垂直管理，文物、旅游财产归文化观光部管，驻外使领馆财产由外交通商部管，学校校舍由教育部管，其他的财产由财政经济部管。分布在地方上的国有资产，就由地方政府的相应部门管理，由市、郡财务会计科分管。

根据法律规定，财政经济部，为委托中央政府主管部门或地方政府的第一负责人管理的财产支付资产评估价格的20%～30%的管理费用。财政经济部对主管部门和地方政府第一负责人管理的国有财产进行监督，发现管理不善的可处以降低资产管理费用或收回管理权的处罚，收回管理权的国有财产通过招标重新选择主管部门。

中央政府各主管部门根据总统令制定其主管的国有资产管理处置

计划和预算，报财政经济部，由财政经济部汇总制定统一的国有资产管理计划和预算，报国务会议审议，最后由总统审批。处置国有资产时，由主管部门提出申请，财政经济部制订处置计划，由国务会议审议，最后经国会批准。国有资产处置后，回收的费用归中央财政。

日本韩国两国的非经营性国有资产管理模式可以概括为“财政部——主管部门”模式，即由财政部负责综合管理，由各行政部门负责具体管理。

2. 德国、澳大利亚非经营性国有资产管理

在德国，德国政府资产又称为公共资产，泛指由政府投资形成的资产，包括政府办公大楼、车辆、办公设备、土地等政府公共资产及其他建筑物和公路、森林、土地等公共资源。

德国联邦政府各部门根据财政部下达的预算编制通知上报预算草案，联邦财政部连同联邦议院对于预算草案进行审议。联邦财政部负责管理所有属于联邦政府的资产，将全国 16 个州划分为 9 个管理大区，每区设立隶属于财政部的联邦资产管理局，管理分布在全国的联邦资产，9 个局又分设管理分局，管理大区内的联邦资产。

联邦政府资产管理局统一提供联邦政府用房，并负责维修，由其向财政部和国会申请房产购置、维修等费用的预算，而需要使用房产的各部门向财政部和国会申请使用房产的预算。政府资产管理局与使用房产的部门签订用房协议，确定使用年限和租金。各部门按照实际使用的面积向联邦资产管理局交租金，租金今年规定不再低于市场价格而是迫近市场价格。对于实际租金支出节约的部门，给予节约租金一定比例（50%）的奖励，留于部门自用。

而车辆和设备等房产以外的其他政府资产预算费用都体现在各使用部门的预算中，经联邦财政部审查后报国会批准。车辆由政府资产管理局下设的车辆管理中心管理，中心负责车辆的统一购买、一般维修保养和处置，消防车和警车等特种车辆也由中心集中管理。车辆管理中心还负责决定公务员车辆的配置标准，公务车行驶达到一定里程数之后由中心决定报废和其他处置事项。

在澳大利亚，澳大利亚政府资产包括政府运作资产、政府资源、基础设施和公共服务设施等。政府运作资产包括政府办公大楼、公务员宿舍等，政府资源包括森林、土地、河流等，基础设施包括公园、道路、水电气等，公共服务设施包括学校、警察局、医院等。

澳大利亚政府资产管理在联邦政府中主要由政府财政管理部下属的资产管理局负责。各资产使用部门向财政管理部申报预算，经国会讨论通过获得财政资金后，可向资产管理局申请办公用房的使用，并向其支付使用租金，或在市场上向私人公司租赁。车辆统一购买的预算也体现在联邦政府的车队预算里，各部门使用也要支付租金，澳大利亚完全采用市场化的方式管理政府资产。

资产管理局还负责房产、车辆的维修和保养，与其他国家不同的是，澳大利亚财政管理部下设资产采购局、资产管理局、资产出售局，分别负责政府采购、管理、出售，构成了从形成到处置的资产管理链条。同时资产管理局、采购局与出售局必须向财政管理部定期提交资产和资金使用情况的报告，财政部向国会提交预算并汇报资产的管理情况，必要时对政府资产管理的情况进行审计。

德国、澳大利亚两国的非经营性国有资产管理模式可以概括为“财政部——直属局”模式，即联邦政府资产由财政部门直属的机构负责，并在全国设立分支机构管理散布在全国的联邦资产。

3. 美国、加拿大非经营性国有资产管理

美国和加拿大联邦资产包括政府财产和遗产财产。政府财产的界定比较简单，仅包括政府办公大楼等房地产和车辆。遗产财产包括收藏类遗产（如图书馆、档案馆、博物馆等），文化遗产和自然遗产（如山川、河流、野生动植物等）。

在美国，美国财政部及总统预算办公室负责联邦政府财产的预算管理，财政部负责政府财产管理的规章制度的制定，1949 年成立的联邦行政服务总局，是联邦政府资产管理的执行机构，具体负责联邦政府财产的管理事务。

美国联邦行政服务总局负责向财政部和总统预算办公室申请办公用房新建、修缮、日常管理等预算费用，所有的房产及其维修都归行政服务总局管理。各使用部门向财政部和总统预算办公室申请预算，获得财政资金，需要使用房产时，可以在市场上租赁，也可以与行政服务总局签订用房协议，确定使用年限及租金，按时向联邦行政服务总局支付租金，租金包含了使用费和维修管理费。而房产以外的其他行政资产如汽车和计算机等的预算则体现在使用部门的预算当中，由各部门分别申请。上述预算经国会批准后执行。

行政服务总局统一采购各部门需要租用的资产，以保证资产购置环节资金使用的经济和有效。房产和车辆的维修和处置由行政服务总局负责，处置时还要对资产的整个生命期间进行评估，确定是否达到预期并分析原因。房产通常是与地方政府交换，而车辆是定期更新，到期的车辆由行政服务总局委托商业拍卖行卖出，所得收入要上交国库。

在加拿大，加拿大财政部和国库委员会负责政府资产预算，财政部同时负责制定政府资产管理规章制度，联邦政府的公共工程和政府服务部为政府资产管理机构，负责为整个联邦政府提供后勤服务。

公共工程和政府服务部向财政部和国库委员会申请房产购置预

算，统一提供政府部门所需的房产，按统一标准配置各部门的办公用房。与美国联邦政府相同，房产的预算也是体现在资产管理机构的预算之中，需要使用房产的各部门向财政部和国库委员会申请使用房产的预算。公共工程和政府服务部与使用房产的部门签订用房协议，确定使用年限和租金，政府各部门使用时交纳租金。车辆和计算机等其他行政资产预算是在各使用部门预算中，但也必须由公共工程和政府服务部统一购买。

房产和车辆的维修则商业化运作，通过公开招标委托私营公司管理物业和车辆。政府每部车配有统一的信用卡，使用者用其加油和日常维修，维修经费也有金额权限，超过限额（200 加元）的就要按程序审批。对于需要处置的车辆，政府也将其包给私营公司处理，并支付一定的手续费。加拿大对资产实行跟踪记录，同时建立数据库，实行系统化管理，各个部门定期向加拿大公共工程和政府服务部报告情况，因而公共工程和政府服务部得以掌握着整个联邦政府各部门资产状况。

美国、加拿大两国非经营性国有资产的管理模式可以概括为“财政部——管理局”模式，即由财政部负责非经营性国有资产预算管理，并负责制定统一的管理制度和法规，而专门的资产管理机构负责行政资产管理的具体事务。

（四）非经营性国有资产纳入国家资产负债表的建议

1. 根据事业单位分类管理的精神，分类界定事业单位国有资产

当前我国事业单位分类管理正在进行，事业单位资产构成十分复杂，应该按照事业单位分类管理的意见，对事业单位的国有资产进行分类界定。根据《中共中央国务院关于分类推进事业单位改革的指导

意见》（中发〔2011〕5号）精神，对事业单位国有资产做如下分类：（1）承担行政职能的事业单位。即承担行政决策、行政执行、行政监督等职能的事业单位。这类单位逐步将行政职能划归行政机构，或转为行政机构。其国有资产应当界定为非经营性国有资产。（2）从事生产经营活动的事业单位。即所提供的产品或服务可以由市场配置资源、不承担公益服务职责的事业单位。这类单位要逐步转为企业或撤销。其资产应当界定为经营性国有资产。（3）从事公益服务的事业单位。即面向社会提供公益服务和为机关行使职能提供支持保障的事业单位。改革后，只有这类单位继续保留在事业单位序列。根据职责任务、服务对象和资源配置方式等情况，将从事公益服务的事业单位细分为两类。一类是公益一类事业单位。即承担义务教育、基础性科研、公共文化、公共卫生及基层的基本医疗服务等基本公益服务，不能或不宜由市场配置资源的事业单位。这类单位的资产应该界定为非经营性国有资产。另一类是公益二类事业单位。即承担高等教育、非营利医疗等公益服务，可部分由市场配置资源的事业单位。这类单位的资产应该按照有关法律和行业管理规章的规定进行界定，例如，公立医院按照医院分类管理办法，属于非营利性医院，则应将其资产划为非营利性国有资产。

2. 在国家资产负债表中，将非经营性国有资产和经营性国有资产明确分离，非经营性国有资产应列为“不可变现资产”，同时明确将非经营性国有资产变更为经营性国有资产的程序

由于非经营性国有资产和经营性国有资产的流动性和变现性是不同的，其偿债能力也是不同的，所以，将非经营性国有资产纳入资产负债表核算的前提是将非经营性国有资产和经营性国有资产相互分离，对经营性资产和非经营性资产实行分类界定。按照编制资产负债表的目的和原则，应当将非经营性国有资产和经营性国有资产明确区分，非经营性国有资产应列为“不可变现资产”。在计算资产负债率、评估地方政府的抵押和偿债能力时，只计算经营性、可变现国有资产，不计算非经营性国有资产。

同时，出于调整国有资产布局、解决地方债务的现实考虑，应该在满足基本公共服务需要等职能的情况下，制定《国有资产管理法》及有关条例，明确非经营性国有资产转变为经营性国有资产的程序，以防止国有资产流失。

3. 重视事业单位无形资产的评估

事业单位无形资产是事业单位开展业务的重要财富，一些事业单位甚至主要是以无形资产为主。长期以来，由于事业单位资产观念不强，无形资产低估的状况比较普遍，造成事业单位改制过程中国有资产流失等后果。在进行国家资产负债表编制时，也应充分考虑事业单位无形资产这一因素。例如，高校的无形资产主要包括知识产权、招生权、学位授予权、校名、校誉等，这些产权和权益与高等学校的主体利益构成密不可分的特殊权利，虽没有实物形态，但却是高校拥有的国有资产的重要组成部分。医院的无形资产有：整体的医疗技术水平；整体形象、专科的信誉、专家声誉及知名度；特许、标识类无形资产如专科技术中心，研究所（室）的谓称，政府的荣誉命名；科技论文、论著；信息类无形资产，如病历、诊疗工作统计、长期形成的社会医疗关系网络、科研教学协作网络、医教研管理数据等；医院文化、医院精神类无形资产等。在编制国家资产负债表时，应当使用科学方法，对事业单位无形资产进行合理评估。

第六章

对于编制中国国家（政府）资产负债表的几点建议

一、对于国家（政府）资产负债表编制工作的政策建议

1. 建议国务院各部委编制本单位的资产负债表

由于部门资产负债表是国家（政府）资产负债表编制的基础，同时为发挥各部门在各自领域的统计及信息优势，因此应由相关部门编制本部门的资产负债表。

首先，国务院各部委是我国中央政府部门构成的基础，只有基础扎实，中央政府的资产负债表的质量才有保证；其次，我国政府组织机构庞大，由与各部委在级别上平行的财政部负责编制政府资产负债表，不仅工作量大，而且由于部门利益的存在，其编制的效率和质量可能无法得到保障；最后，由于各政府部门是财政资金受用方，同时也是财政支出的实施方，因此各部门必须接受人大及社会公众的监督，编制本单位的资产负债表。

具体建议是：由外汇管理局负责编制中国国外部门资产负债表；中国人民银行负责编制中央银行和金融部门资产负债表；财政部负责编制和汇总政府部门资产负债表；国家统计局负责编制住户部门和非

金融公司部门资产负债表。最后由国家统计局对各部门资产负债表进行合并及汇总，编制出我国国家资产负债表。

2. 建议各级地方政府编制本级政府的资产负债表

各级地方政府是广义政府部门的重要组成部分，同时也是实现国家意志、运用财政预算资金的主要实施者，因此必须建立本级政府的资产负债表，以接受各级人大及社会的监督。此外，考虑到各级政府对资产负债表编制的积极性不高，可采取一定的激励措施，如对最早编制出资产负债表的政府中央给予一定的转移支付或给予更高的债务置换额度等，以促使各级地方政府尽快编制出资产负债表。

3. 建议财政部逐步建立并完善国家（政府）资产负债表编制的标准

国家（政府）资产负债表编制最重要的一点就是标准要统一。试想如果没有统一的标准，不同的地方政府采用不同的估值方法，或者资产负债项目采用不同的范围，各级政府资产负债表将无法合并，此外还有可能出现各级政府无限扩大资产范围同时缩小负债范围以掩盖财政风险，这将使编制政府资产负债表的意义大打折扣。因此，建议财政部首先应公布统一的政府财务会计准则以规范各项资产和负债的价值，其次出台政府资产负债表编制的指引，在定义、范围和方法上对编制工作进行规范，最后总结各试点单位具体编制过程中出现的问题，编制并发布具体的政府资产负债表编制的操作指南，以指导各地区、各部门、各单位编制资产负债表。

4. 编制国家（政府）资产负债表既要遵循国际惯例，又要符合中国国情，也要回应时代发展的要求

国家（政府）资产负债表的编制基础必须建立在SNA体系之上，否则将不具备科学性和国际可比性。同时也要符合中国的国情，特别是对我国政府部门的范围要进行清楚的划分，如对经营性和非经营性事业单位的划分，对全额财政补贴、部分财政补贴和无财政补贴的企事业单位的界定，对官方及半官方组织（如行业协会、自律组织等）的界定等。此外，对政府资产范围的界定也是重点，特别是土地、森林和矿产等自然资源，应结合我国特有的制度基础进行划分和界定。最后，十八届三中全会提出要使市场在资源配置中起决定性作用和更好地发挥政府作用，因此要建立以市场为基础的政府资产负债表，以回应时代发展的要求。

5. 建议将国家（政府）资产负债表的正式编制工作纳入“十三五”规划

历史和各国的经验均表明，国家（政府）资产负债表的编制是一项长期性的工作，需要非常扎实的数据基础和严谨的编制方法，不可能在短期内一蹴而就；同时，介于当前的经济形势，我国正面临的相当大的经济下行风险和通货紧缩风险，国家急需这样一套工具来指导宏观经济政策的制定，因此对于国家（政府）资产负债表的编制又具有相当的必要性和紧迫性。因此，将国家（政府）资产负债表的编制纳入“十三五”规划，同时由国务院公布相关时间表和路线图，可以有力地推动国家（政府）资产负债表编制工作有序快速展开。

6. 编制国家（政府）资产负债表总表的两套方案

方案一：建议由国家统计局负责定期编制国家资产负债表。

国家统计局曾早在20世纪90年代就组织编制过中国国家资产负债表，但由于种种原因被迫中断。近年来，一些科研单位和民间机构开始开展中国国家资产负债表的研究，但由于受到研究目的、数据可获得性等因素的影响，相关研究的估算标准和统计口径不一，从而导致结果差异较大，缺乏权威性。为避免这种分散编制模式的弊端，提高国家资产负债表的权威性，建议国家统计局设立编制国家资产负债表的专门机构。同时，由统计局负责编制国家资产负债表便于与统计局日常工作相结合，有助于流量数据分析与存量数据分析相结合，也有助于统计口径与SNA接轨。

方案二：建议由统计局提供数据，由中立的研究机构负责编制国家资产负债表。

国家统计局在数据统计上具有较高的权威性，但是在编制国家资产负债表时也可由其他机构来负责，这样可以最大限度地保证数据的准确性和真实性，避免统计部门因自身的需要修改统计数据，从而造成统计资料的失真，因此编制工作可以授权如国务院发展研究中心、社科院等中立的官方研究机构来负责。

7. 建立健全国家、部门及地方政府关于资产负债表信息的定期公开发布机制，加强对债务信息的披露，推动完善政府债务管理制度

国家（政府）资产负债表应定期向社会公开发布。在编制初期，考虑到编制工作的高难度和复杂性，可每五年公布一次，时间与政府换届相一致，便于总结历届政府任期内的成果。当国家（政府）资产负债表编制方法成熟且稳定后，可按年度公布。

8. 国家、部门及地方政府资产负债表的编制应遵循循序渐进的原则

在编制国家（政府）资产负债表初期，由于统计资料的缺失，且编制工作异常复杂，因此出于谨慎性的原则，可先从金融资产负债表编起，并逐步完善非金融资产的统计资料。因为当前我国金融资产和负债资料相对丰富，且容易获得，同时金融资产和负债中所隐藏的风险是当前我国所面对的最主要的风险，因此可先从金融资产负债表的编制开始。同时，为了减小社会压力，可以由国家统计局编制出试编表，先供政府内部参考和使用，待数据基础和编制方法成熟后再向社会公布。因此应遵循循序渐进的原则，逐步完善国家（政府）资产负债表。

9. 建议将党产与政府资产分开核算，提高资产管理水平

明晰的产权是市场经济的基础制度之一。将党产与政府资产分开核算，依据资产性质的不同分别管理，有利于提高资产的管理水平，保证党产与政府资产的保值增值。此外，党产与政府资产分开核算有利于风险的隔离，特别是当政府爆发债务危机时，往往通过出售资产以偿还债务，如果党产与政府资产没有清晰界定，政府容易误将党产当作政府资产进行出售，损害党的利益；最后，在现代国家的治理体系中，政府的收入来主要来自于税收，而党的经费则主要来自于党费、社会捐赠及资产增值，因此将党产与政府资产进行区分，有利于提高财政预算透明度，有利于国家治理能力的现代化。

10. 建议中央逐步建立军事资产的信息披露制度

历史经验证明，国防实力的强弱是一个国家强大与否的标志之一，是抵御外国入侵，保护本国居民生命财产安全和领土完整的根本所在。然而，自冷战结束之后，和平发展已经成为当今世界的主题，世界爆发大规模热战的可能性正在逐渐降低，以双边或多边谈判的方式解决争端已经成为主要机制，因此增加军事透明度逐渐成为世界各国人民的诉求。我国一直奉行和平崛起的战略，不希望同其他国家发生不必要的冲突，因此逐步提高军事透明度是化解矛盾的重要举措。此外，对军事资产的披露还可以有效遏制军队的腐败行为，防止军事资产的流失。

二、对于国家（政府）资产负债表应用方面的政策建议

1. 当务之急是尽快控制住地方政府债务风险

通过对地方政府债务的清理，要全面摸清地方政府债务规模，特别要注意摸清近年来以各种金融创新名义导致的地方政府隐性债务，防止地方政府债务的漏报、漏算。

2. 应制订应急预案，防止地方政府债务风险集中爆发

在摸清地方政府债务规模和结构的基础上，应制订应急预案，防止地方政府债务风险集中爆发。与此同时，还应制定包括财政、金融在内的化解地方政府债务风险的整体配套方案，以图尽快化解地方政府债务风险。

3. 强化地方政府债务约束

从法理上讲，在单一制条件下，中央政府对地方政府债务负有兜底责任，因此，在中国，应当特别注意防范地方政府的道德风险，防止地方政府债务向中央政府债务转化，实现风险控制的硬约束。

4. 根据市场变化及时将国有资产变现，防止国有资产流失

根据市场变化及时将国有资产变现。根据一般经济规律，在经济下行时，尤其是危机爆发时再出售国有资产往往会出现越卖越不值钱的现象，进一步加剧国有资产价值缩水，因此，应吸取欧债危机等国际经验，选择最佳时期出售国有资产，实现国有资产价值的最大化，用以及时弥补各级政府的债务窟窿及风险敞口，防范债务危机爆发。

5. 区分经营性与非经营性国有资产，并加强对其使用情况的披露，推动提高管理水平，防止国有资产流失

应将经营性国有资产和非经营性国有资产明确分离，并把非经营

性国有资产列为“不可变现资产”；同时，明确将非经营性国有资产变更为经营性国有资产的程序。将非经营性国有资产纳入资产负债表核算时，应明确把非经营性国有资产列为“不可变现资产”，将非经营性国有资产和经营性国有资产分离处理。应该制定《国有资产管理法》及《实施条例》，明确将非经营性国有资产转变为经营性国有资产的规则和程序，切实防止国有资产流失。

6. 加强对社保基金资产负债情况的披露，推动社会保障健康可持续发展

社保基金的平稳运行关乎国计民生。随着我国人口结构的变迁，人口老龄化问题日渐突出，有关养老金缺口及由此引发的社保基金可持续性的问题日渐成为人们关注的焦点，给社保基金保值增值造成了不小的压力。然而，面对社会的质疑，政府有关部门并未直言面对，反而只顾频繁辟谣，甚至不惜动用官方媒体批评那些对社保资金缺口提出担扰的学者，使人们更加怀疑政府公布信息的真实性。我们认为，政府应该尽可能对社保基金的资产和负债情况进行披露，这样不仅可以用事实证明社保基金的可持续性，还可以通过信息公开提高社保基金的管理水平，使社保基金更加健康和可持续发展。

7. 建议资产负债表的编制与评估适当分开

资产负债表的编制应引入第三方评估机制，对数据的有效性和方法的严谨性进行科学的评估。第三方评估机制可以对编制过程进行有效的监督，使资产负债表更加科学、真实和有效。因此，建议在国家统计局对资产负债表进行合并和编制之后，聘请独立的第三方机构对其进行科学评估，而评估机构可以是政府智库，如国务院发展研究中心和中国社科院等，可以是科研院所或民间智库，也可以是审计机构或国内外的会计师事务所。

后记 Postscript

2012年和2013年，我们先后承担了中央财经领导小组办公室交办的《国家资产负债表问题研究》课题，以及国务院发展研究中心宏观部重点课题《国家（政府）资产负债表问题研究》。经过课题组的反复征求意见、深入研讨和不断修改，两个报告已经先后通过了专家评审并获得了较高评价。十八届三中全会《决定》明确指出要编制全国和地方资产负债表，这对于政府了解“家底”、制定宏观政策、控制债务规模、防范财政风险等具有重要的参考价值。因此，我们认为有必要将我们的研究成果予以出版，以期引起社会的进一步讨论，从而对我国国家（政府）资产负债表编制工作起到进一步的推动作用。

本课题于2012年5月立项，课题总负责人为余斌（国务院发展研究中心党组成员、办公厅主任、宏观部部长、研究员），同时由魏加宁（国务院发展研究中心宏观部巡视员、研究员）具体负责。课题组在成立之初邀请了刘锡良（西南财经大学中国金融研究中心名誉主任、教授、博士生导师）以及董青马（西南财经大学中国金融研究中心副主任，副教授）为顾问，此后在2014年又邀请了张维宁（长江商学院教授）为课题组顾问，以加强政府资产负债表的编辑、修订工作。

在本书中，第一章由刘锡良、董青马负责，第二章由戴慧、杨坤负责，第三章第一节由缪慧星负责，第三章第二节由张俊伟、宁静负责，第三章第三节由孙娟娟负责，第三章第四节由陈宝同负责，第三章第五节由甘顺利负责，第三章第六节由桑雪琪负责，第三章第七节由赵伟欣负责，第四章由张维宁、杨坤负责，第五章第一节由贾涛、高宇宁负责，第五章第二节由江宇负责，第六章由魏加宁、张俊伟负责。

在此，我们要感谢国内外专家的大力协助。世界银行、国际货币基金组织（IMF）等国际组织聘请的专家如刘琍琍女士、黄佩华教授、靳晖女士等，以及时任德意志银行大中华区首席经济学家的马骏先生等专家在本课题研究过程中提出了许多宝贵的意见和建议。

此外，2014 年课题组赴日本考察期间，以日本财务省综合研究所副所长田中修先生为代表的日本专家为我们提供了大量的最新资料，并得到了时任日本银行驻北京代表处首席代表福本智之先生以及日中产学官交流机构清本佑二先生等人的大力协助，对此一并表示感谢。

最后，还应当特别感谢国务院发展研究中心专家领导在课题评审时对报告提出的许多十分宝贵的意见和建议，对于这些意见和建议，我们在修改报告时尽可能的予以吸收、采纳和参考。

编 者

2015 年 7 月

参考文献 References

[1] 从树海，郑春荣．国家资产负债表：衡量财政状况的补充形式．财政研究，2002（1）

[2] 迈克尔·佩蒂斯，沈超．构建稳定的国家资产负债表．新财富，2003（9）

[3] 国家统计局国民经济核算司．中国国民经济核算．北京：中国统计出版社，2004

[4] 迈克尔·佩蒂斯．中国资本结构不够合理、资产负债表亟待重建．财经，2004（22）

[5] 莫里斯·戈登斯坦，菲利浦·特纳著，李扬，曾刚译．货币错配——新兴市场国家的困境与对策．北京：社会科学文献出版社，2005

[6] 侯杰．国家资本结构与新兴市场国家金融危机．中国人民大学博士学位论文，2006

[7] 陈晓莉．本币升值冲击与银行业危机：一个基于不对称信息的分析框架．世界经济，2006（7）

[8] 叶永刚，宋凌峰．宏观金融工程论纲．经济评论．2007（1）

[9] 国家统计局国民经济核算司．中国资产负债表编制方法．北京：中国统计出版社，2007

[10] 辜朝明．大衰退．北京：东方出版社，2008

[11] 王丽娅．宏观经济风险部门间分担与转移研究——基于 CCA 方法的分析．西南财经大学博士学位论文，2008

[12] 刘锡良，刘晓辉．部门（国家）资产负债表与货币危机：文献综述．经济学家，2010（9）

[13] 审计署．全国地方政府性债务审计结果．2011 年第 35 号公告

[14] 宫晓琳．量化分析中国宏观金融风险及其演变机制．山东大学博士学位论文，2011

[15] 宫晓琳．宏观金融风险联动综合传染机制．金融研究，2012（5）

[16] 李扬等．中国主权资产负债表及其风险评估（上）．经济研究，2012（6）

[17] 李扬等．中国主权资产负债表及其风险评估（下）．经济研究，2012（7）

[18] 徐以升．比较三份国家资产负债表．第一财经日报，2012-9-10

[19] 马骏等．中国国家资产负债表研究．北京：社会科学文献出版社，2012

[20] 李扬等．中国国家资产负债表2013——理论、方法与风险评估．北京：中国社会科学出版社，2013

[21] 邵宇．中国政府会有资产负债表危机吗——政府资产负债表的编制与分析．金融发展评论，2013（11）

[22] 审计署．全国地方政府性债务审计结果，2013 年第 32 号公告。

[23] 李金华．中国国家资产负债表的逻辑思考．经济经纬，2014（3）

[24] 林忠华．探索编制国家和政府资产负债表的若干思考．审计与理财，2014（4）

[25] 马骏．地方政府资产负债表的编制和使用．中国金融，2014（14）

[26] 汤林闽．中国政府资产负债表：理论框架与现实选择．金融评论，2014（1）

[27] 汤林闽．中国政府资产负债表：构建及估算．经济研究参考，2014（22）

[28] 汤林闽．我国地方政府资产负债表：框架构建及规模估算．财政研究，2014（7）

[29] 张宏婧，周璇．我国地方政府资产负债表的构建问题研究．会计之友，2014（31）

[30] 政府资产负债核算的理论和政策研究课题组．科学反映政府实力和调控能力——2012 ~ 2013 年中国政府资产负债表编制报告．中国金融，2015（3）

[31] 葛新锋．日本政府资产负债表编制经验及对我国的启示．西南金融，2015（7）

[32] 裴沈华．《政府资产负债表》编制的若干问题探析．上海市经济管理干部学院学报，2015 - 13 - 2

[33] 侯明．地方政府资产负债表编制问题研究——基于我国推进政府综合财务报告制度改革的思考．金融会计，2015（3）

[34] 日本财政制度审议会．各省厅财务报表的编制，2011

[35] 日本财务省主记局．财务报表编制指南，2014

[36] 日本财务省主记局．2012 年度《政府财务账册》概要，2014

[37] 日本财务省主记局．《国家财务报表》指南，2014

[38] Arrow, K., Dasguota, P., Goudler, L, Mumford, K. & Oleson, K., "Sustainability and the Measurement of Wealth", Forthcoming in Environment and Development Economics, 2012

[39] Arrow Kenneth, Partha Dasgupta, Lawrence Goulder et al., "Are We Consuming Too Much?" Journal of Economic Perspectives, Vol. 18, No. 3, pp. 147 - 172, 2004

[40] Allen, Mark, Christoph Rosenberg, Christian Keller, Brad Setser, and Nouriel Roubini, "A Balance Sheet Approach to Financial Crisis", IMF Working Paper, WP /02 /210, 2002

[41] Australia Bureau of Statistics, Year Book Australia, 2009

[42] Bernank, B. S. and Gertler, M., "Inside the Black Box: The Credit Channel of Monetary PolicyTransmission." Journal of Economic Perspectives, Vol. 9, pp. 27 - 48, Fall, 1995

[43] Blejer M. and Schumacher L., Central Bank Vulnerability and the Credibility of Commitments: A Value – at – Risk Approach to Currency Crises, IMF working paper, 1998

[44] Castren O. and Kavonius I. K., Balance Sheet Interlinkages and Macro – Financial Risk Analysis in the Euro Area, ECB working paper, 2009

[45] Cornelius P, Trade in Financial Services, Capital Flows, and the Value – at – Risk of Countries, The World Economy, 52: 649 – 672, 2000

[46] Dasgupta, Partha, "Is Contemporary Economic Development Sustainable?", Royal Swedish Academy of Sciences, Vol. 31, No. 4, 2002

[47] Dasgupta, Partha, Human Well – being and the Natural Environment, Oxford University Press, 2001

[48] Dasgupta, Partha, The idea of sustainable Development, Sustain Sci, Vol. 2, pp. 5 – 11, 2007

[49] Eichengreen, B. and R. Hausmann, "ExchangeRate and Financial Fragility", NBER Working Paper No. 7418, NBER, Cambridge MA, 1999

[50] Gray D., Macro Finance: The Bigger Picture, Risk Magazine, 2002

[51] Gray D, Merton R., and Bodie Z., A New Framework for Analyzing and Managing Macrofinancial Risks, Conference on Finance and the Macroeconomy, NYU. 2002

[52] Gray D, Merton R., and Bodie Z., A New Framework For Analyzing and Managing Macrofinancial-Risks of An Economy, NBER Paper No. 12637, 2006

[53] Gray D., S. Malone, Macrofinancial Risk Analysis, London: John Wiley&Sons. 2008

[54] Gray D, Merton R., and Bodie Z., New Framework for Measuring and Managing Macrofinancial Risk and Financial Stability, Harvard Business School Working Paper. 2008

[55] Gray D., Macro Financial Risk Framework, MfRisk technical Document, 25 – 01, 2001

[56] Gray, Dale. F., Merton, Robert, C. and Bodie, Zvi. A New Framework for Analyzing and Managing Macrofinancial Risks of an Economy. IMF, Working Paper, No. 07/026, 2006

[57] Gray, Dale. F., Merton, Robert, C. and Bodie, Zvi. New Framework for Measuring and Managing Macrofinancial Risk and Financial Stability. NBER Working Paper, No. 13607, 2007

[58] Graeme, Dorrance S, Balance Sheets in a System of Economic Accounts, Staff Papers – International Monetary Fund, Vol. 7, No. 2, Oct., 1959

[59] Goldsmith, W. R., "A Synthetic Estimate of the National Wealth of Japan: 1885 ~ 1973", Review of Income and Wealth, 1975

[60] Goldsmith, W. Raymond, A Study of Saving in the United States, Princeton University Press, Princeton, New Jersey, 1955

[61] Goldsmith, W. Raymond, "The National Balance Sheet: Another Tool in the Economist' s Kit",

The Analysts Journal, 1956

[62] Goldsmith, W. Raymond, The National Wealth of the United States in the Postwar Period, Princeton University Press, Princeton, New Jersey, 1962

[63] Goldsmith, Raymond and Robert Lipsey, Studies in the National Balance Sheet of the United States, Vol. 1, Princeton University Press, Princeton, New Jersey, 1963

[64] Goldsmith, W. Raymond, Robert Lipsey and Morris Mendelson, Studies in the National Balance Sheet of the United States, Vol. 2, Princeton University Press, Princeton, New Jersey, 1963

[65] Goldsmith, W. Raymond, "The Uses of National Balance Sheets", Review of Income & Wealth, 1966

[66] Goldsmith, Raymond, The National Balance Sheet of the United States: 1953 – 1980, National Bureau of Economic Research Monograph series, Chicago and London: University of Chicago Press, 1982

[67] Goldsmith, W. Raymond, Comparative national balance sheets: a study of twenty countries, 1688 – 1978, Chicago and London: University of Chicago Press, 1986

[68] Haim, Yair, and Roee Levy, "Using the Balance Sheet Approach in Financial Stability Surveillance: Analyzing the Israeli Economy' s Resilience to Exchange Rate Risk", No. 1 /07, Bank of Israel, 2007

[69] Hermet, Francois. Currency crisis and balance sheet channel effect: TheKorean experience. Economic Bulletin, 6 (12): 1 – 12, 2003

[70] IMF, "Government Finance Statistics Yearbook 2008", Washington, D. C, 2008

[71] IMF, "Government Finance Statistics Manual 2014", Washington, D. C, 2014

[72] Klenow, P. J. and Rodriguez – Clare, A. , "The Neoclassical Revival in Growth Economics: Has It Gone too Far?" In Bernake & J. Rotermberg (Eds.) NBER Macroeconomics Annual 1997, Cambridge, MA: MIT Press, 1997

[73] King, R. G. and Levine, R. , "Capital Fundamentalism Economic Development, and Economic Growth", Carnegie – Rochester Conference Series on Public Policy, 40 (1), pp. 259 – 292, 1994

[74] Kiyotaki Nobuhiro, Moore John, "Balance – sheet contagion. American Economic Review" 92, 46 – 50, 2002

[75] Lima, Juan Manuel, Enrique Montes, Carlos Varela, and Johannes Wiegand, " Sectoral Balance Sheet Mismatches and Macroeconomic Vulnerabilities in Colombia, 1996 ~ 2003", IMF Working Paper, WP /06 /5, 2006

[76] Mark Allen, Christoph Rosenberg, Christian Keller, Brad Setser, and NourielRoubini, "A Balance Sheet Approach to Financial Crisis", IMF Working paper, 2002

[77] National Accounts Review Committee, "The National Economic Accounts of the United States: Review, Appraisal, and Recommendations", published by NBER, 1958

[78] Nordhaus, D. William and Joseph Boyer, Warming the World: Economic Models of Global Warming, The MIT Press, 2000

[79] Richard C. Koo. Balance Sheet Recession: Japan's Struggle with Uncharted Economics and Its Global Implications. John Wiley & Sons, 2003

[80] Rosenberg, Christoph, Ioannis Halikias, Brett House, Christian Keller, Jens Nystedt, Alexander Pitt, and Brad Setser, "Debt - related Vulnerabilities and Financial Crises: An Application of the Balance Sheet Approach to Emerging Market Countries", IMF Occasional Paper, No. 240, 2005

[81] Revell, Jack, The Wealth of the Nation: the National Balance Sheet of the United Kingdom, 1957 - 1961, Cambridge University Press, 1967

[82] Statistics Canada, "Canada Year Book 2011", Catalogue No. 11 - 402 - X, 2011

[83] Toshitaka Sekine and Ydahlia Metzgen, " Firm Investment and Balance - Sheet Problems in Japan", IMF working paper, 1999

[84] Wealth Inventory Planning Study, "Measuring the Nation's Wealth", published by NBER, 1964